野崎泰伸

Nozaki Yasunobu

筑摩選書

# 「共倒れ」社会を超えて

生の無条件の肯定へ！

# 「共倒れ」社会を超えて　目次

はじめに　011
犠牲と倫理／障害者問題と犠牲／本書の構成

第1章　生の無条件の肯定という企て　017

1　生の無条件の肯定とは何か　018
存在そのものを肯定する倫理学へ／存在を肯定するのに条件はいらない／私自身の「現実」／生存に条件を付す「犠牲」の思想

2　功利主義の問題点　028
少数者の犠牲を容認する功利主義という思想／現実のジレンマを解決する？／背負うべき負い目を取り除く功利主義／根源的な自由を奪っていく倫理的ルール化／現実と倫理の混同

第2章　倫理とは何か　047

1 **倫理学とはどういう学問か** 048
倫理学のイメージ／倫理学は処世術ではない／「他者と共に、豊かに生きるにはどうすればいいか」を問うのが倫理学

2 **共に豊かに生きる他者とは誰のことか？** 055
共に豊かに生きるべき他者とは誰のことか？／社会の一員として受け入れるか否かという問題／社会から捨て置かれた存在が告発しなければならないのか？／他者からの〈呼びかけ〉への〈応答〉／論理的であることの重要性

3 **「共に」生きるということ** 070
「共倒れ」を助長するこの社会／共依存による「共倒れ」を引き起こすこの社会／「現場」に直接かかわることについて／誰もが支援にかかわれる社会へ

4 **「豊かさ」とは何か** 084
「豊かに生きる」ということ／経済学と功利主義／経済成長至上主義を拒否する「豊かさ」とは？／犠牲と「豊かさ」

第3章 犠牲の問題として障害者問題を考える 099

1 障害者の問題はなぜ犠牲の問題なのか 100
一人ひとりに我慢を強いるこの社会／問題の本質は犠牲の問題である／「合理的配慮」の「合理性」とは何か？

2 生まれてくる生命を選別するということ 108
出生前診断で何がわかるのか／出生前診断の何が問題か／医療者側の障害観を問う／社会的なサポートの不備／生命を選別する優生思想／新型出生前診断と優生思想／産科医療補償制度の何が問題か／出生前診断の真の問題とは？

3 尊厳死と犠牲 122
安楽死・尊厳死とは何か？／日本における安楽死・尊厳死／諸外国における安楽死・尊厳死／日本尊厳死協会の主張／尊厳死の主張への反論／尊厳死を犠牲の問題として考える

4 いのちを選別するこの国の教育 138

「発達保障論」と「共生教育」／「反発達」論とは異なる道へ／「私と異なる存在との出会い」としての発達／教育の本来的な目的とは何か？

第4章 倫理学の再構築 155

1 トリアージ問題 156

トリアージとはなにか／「トリアージは倫理的に容認し得るか」という問い／「一つの対応の仕方」として容認するのは欺瞞か？／真に問うべきは非被災者の行為である

2 人を追い込むこの社会と追い込まれている人たち 165

支援を得ながら自分で決めるということ／「追い込まれた人」の犯罪をどう考えるか／追い込まれた人は何でもする、としか言いようがない／分断をもたらすこの社会をこそ批判する

3 自由な主体、そして責任 177

「この私」を可能にする他者の存在／「選択と行動の自由」と「根源的な自由」／他者への

応答によって知る「自由」の生起／他者への責任と自由な〈主体〉／〈主体化〉には終わりがない／〈主体化〉を拒むこの社会に抗うということ

4 **権力に対峙する倫理学** 189

生命の「尊厳」と「生そのもの」／障害者の「生そのもの」を選別する権力／「どうせ」という思考／本当に「私には関係がない」問題なのか

5 **「どうせ」を押しつけてくる現実にいかに抗するか** 202

異論を封殺する「総無責任社会」／権力への抗い方――自らの経験から／それは「大衆蔑視」ではない／障害者による交通アクセス権獲得運動／「好きで社会運動にかかわる」の意味

終わりに **障害者を犠牲にするこの社会に抗する倫理学** 219

あとがき 225

# 「共倒れ」社会を超えて

生の無条件の肯定へ!

# はじめに

## 犠牲と倫理

本書を読まれるみなさんは、「犠牲」と聞いてどのようなことを思い浮かべるでしょうか。

会社で部下が上司の犠牲になっていることかもしれません。あるいは子育てや介護などで、自分の時間を犠牲にしていることかもしれません。苦渋の決断の末、自宅での老親の介護を断念し施設に預けてしまったことで、負い目を感じている方もおられるかもしれません。何かを犠牲にせざるを得なかったと悔いることもあれば、犠牲なくして人生などやっていけないと思うこともあるでしょう。いくつかの選択肢があるなかで、現実に何かを選ぶということは、選ばれなかったその他の選択肢を犠牲にするということでもあります。

このように現実は、誰かを、あるいは何かを犠牲にせざるを得ないのかもしれません。そうしなければ、この社会は動かしていけないのかもしれません。しかし、そのことと、社会を回していくために、誰かを、あるいは何かを犠牲にすることが許容され、正当化されるということは、まったく異なることです。九九人のいのちを守るために一人のいのちが犠牲にされてよい社会など、社会を名乗る資格などないと私は考えます。犠牲を正当化することを前提とする、いかなる社会理論も間違っていると思うのです。誰かに、あるいは何かに犠牲を強いること、誰かが、あるいは何かが犠牲を強いられることは、社会においては許されざることです。「犠牲を容認しているわけではないが、仕方がない場合もある。もし犠牲が出るようなら、なるべく少ないほうがよい」という主張がありますが、それは現実と倫理を混同しています。本書では、こうした問題についても考えていくことになります。

倫理とは、「私たちが共に豊かに生きていくための、侵すべからざる掟」であると私は考えています。それは、どのような状況においても守られるべき「掟」ではなく、実現不可能であったとしても、それがなければ社会が存立し得ないような戒律のようなものだと言えるでしょう。つまり、倫理とは、ある状況下における行動規範のことではなく、それがなければ社会は人間のただの寄せ集めにすぎず、お互いが孤立した存在になってしまう、そのようなものだということです。

本書では、障害者問題を通して、倫理や正義の問題を考えていくことになります。なぜなら、障害者と呼ばれる人たちが、倫理的な配慮、つまりこの社会において十全に生きていくに足る配慮の対象から外されてきたからにほかなりません。障害がある人もない人も共に生きていける社会を目指す思想にして活動であるノーマライゼーションが叫ばれて久しい現在にあっても、いまだにそうした状況があります。より陰湿になっているという声すら聞こえてきます（詳しくは後述します）。このような状況を、「犠牲」という視点から考察していくのが、本書の目的です。

## 障害者問題と犠牲

同じことを別の角度から述べます。本書の目的は、「生の無条件の肯定」という思想に基づいて、倫理学を根本から再構築することにあります。そのために本書では、障害者がこの社会で抱える諸問題を「犠牲」の問題として扱うことにしたいと思います。

個人のからだが動かなかったり、こころの状態が不安定だったり、ものごとをうまく認識できなかったりすることに、あるいは見た目が醜かったりすることに障害者が抱える問題があるのでしょうか。それらのことを障害者自身が「なおす」べきだと言ってしまえるものなのでしょうか。本書は、そうした考え方に異議を唱えたいと思います。一人ひとりのそのような違いが、障害者に過分な〈生きづらさ〉を与えてしまうなら、社会のほうにこそ問題があると言えるのではないでしょうか。つまり、障害があることによって生じる〈生きづらさ〉を、本人の責任ではなく、社会の責任として考えていこうとするのが、本書の基本スタンスなのです。

本書は、障害者が抱えざるを得ないこうした〈生きづらさ〉の問題を、「犠牲」というキーワードを通して考察していきます。別言すれば、本書が目指すのは、「犠牲」という視角から障害者問題を検討することによって、この社会が障害者を犠牲にして存立していることを明らかにし、それに抗する思想を作り上げることなのです。

## 本書の構成

以下、本書の構成について簡単に述べておきたいと思います。

第1章では、私が提唱する「生の無条件の肯定」に関して、なぜそのような思想が必要とされるのか、それはいかなる思想であるのかを述べていきたいと思います。そこでは功利主義への批判に重点を置いて議論をするつもりです。なぜなら、私が考える「生の無条件の肯定」の対極にあるのが、功利主義だと考えられるからです。

第2章では、第1章での考察をもとに、「倫理とは何か」に迫っていきます。そこで私は、「他者と共に豊かに生きられる、犠牲なき社会」こそ倫理であるというテーゼを提示し、ここで言う「他者」とは誰か、「豊かさ」とは何かについて考察を加えています。

第3章では、「障害者の問題を、犠牲の問題として捉える」ことに軸足を置いて、議論を展開しています。東日本大震災のときの福島第一原子力発電所の事故を契機として、犠牲の問題が多く語られるようになりましたが、それ以前から障害者は、この社会から排除され、犠牲となってきました。そこで第3章では、障害者を社会の犠牲にしてもかまわないとする思想や制度を取り上げ、検討に付しています。

第4章では、それまでの議論をもとに、私たちに「犠牲」を強いたり、自ら率先して「犠牲」を受け入れるよう促したりするこの社会に抗するには何が必要かを、社会運動という観点から論じています。換言すればこの章で私は、倫理学の再構築を図っているのです。

障害者問題は、障害を抱える人たちだけの問題ではありません。やがて老いてゆく健常者の問題でもあるわけで、その意味においてもすべての人が考えるべき問題であるのです。

この本を通して、障害をもつ人が抱える問題が照準され、「犠牲」という観点から、この社会のあり方が問い直され、「生の無条件の肯定」という思想が提示されるのですが、そこで示された諸論点について、ともに考えていただけると幸いです。

# 第1章

# 生の無条件の肯定という企て

## 1 生の無条件の肯定とは何か

### 存在そのものを肯定する倫理学へ

「生の無条件の肯定」という言葉を聞いて、みなさんはどのようなイメージを持たれるでしょうか。目の前の誰かに「あなたはあなたなんだから、そのままでいいんだよ」と言われることでしょうか。あるいは、生きることを無条件に肯定されることは理想かもしれないけれど、現実にはあり得ない、そういった意見かもしれません。なかには、そんなものは理想ですらない、現実は弱肉強食の世界なのだから、「弱者」の生は淘汰されるべきだといった考えの人もいるかもしれません。

「あなたはあなたなんだから、そのままでいいんだよ」という言葉は、苦しんでいるときには助けになるかもしれませんし、私もそのことを否定しません。しかし、いくらそう言われても、うわべだけのものと感じられることがあるかもしれません。もしそうだとすれば、それはこの社会が、「あなたはあなたなんだから、そのままでいいんだよ」という言葉を真っ向から否定する価値観にのっぺりと覆われているからではないでしょうか。たとえばあなたの存在は、働く力を有しており、この社会でそれを適切に使いこなせる限りにおいて認められているだけなのかもしれません。あるいは、あなたがたいそう「美形」であることで、肯定的に評価されているのかもしれません。このように、この社会においては、あなたの属性や能力によって、あなた自身の存在価値を測ろうとする傾向があるだろうということです。このような社会に生きていれば、相手の存在を肯定するいかなる言葉も欺瞞に映るでしょう。こうして問題は、目の前の相手を肯定するということから、私たちの生をこの社会が肯定するか否か、というところへ移っていくのです。ここは大切なところですので、後で再び考えることになるでしょう。

ここではまず、「あなたはあなたなんだから、そのままでいいんだよ」という言葉の意味を明確にしておきたいと思います。もちろんこの言葉は、「あなたが、自分の現状をよくないと思い、変わりたいと思っていたとしても、このままでいいんだよ」ということを意味しません。そうであるなら、この言葉は何を意味すると理解すればよいでしょうか。「あなたが生きていること、あなたがこの世に存在していること、そのことに変わりはないのだから、それに関しては無条件に肯定されてよい」と理解するのがよいと私は考えます。

ということは、「あなたの言っていることや考えていること」と「あなたという存在そのもの」を明確に区別するということです。前者を否定しながらも後者を無条件に肯定する、ということがあり得る、ということです。「あなたという存在そのもの」とは、「あなたの言っていることや考えていること」だけでもなければ、「あなたの働く力や姿かたち」だけでもない、それらを含む「総体としてのあなた自身」のことです。言い換えればそれは、「あなたという存在そのもの」を肯定するなら、「あなたの言っていることや考えていること」を肯定しなければならない、ということではありません。もちろん、自分の意見や考えが否定されるのは、とても悔しいことです。私にもそのような経験が何度もあります。しかし、そのことと、自分の存在が否定されるということは、本来違うことのはずです。「あなたの言っていることや考えていること」は、あなたの一部ではある――だから、それが否定されると悔しくなるのですが――としても、それは「あなたという存在そのもの」ではありません。もし両者を切り離すことができず、どのような人の意見や考えも批判できないのであれば、それは民主主義の根幹を揺るがすことになります。この社会には、他人の意見や考えに異を唱えることを忌み嫌う、一見すると「優しい」風潮が広がっていますが、けっしてそれは優しさの表れではありません。むしろ、議論を封じることになっているという意味で、民主主義を否定しているのです。このことに関しても考えたいことはありますが、本書の主題から少し離れてしまいますので、関連する箇所で簡単に触れるのみとします。

## 存在を肯定するのに条件はいらない

『生を肯定する倫理へ――障害学の視点から』(白澤社、二〇一一年)という本の中で私は、「生の無条件の肯定」というアイデアを提唱しました。煎じ詰めて言うならそれは、「外と内とを分かつ境界線を、生の条件にしてはならない。少なくとも、生の条件を正当化するようなすべての思考を拒否する」というものです。後ほど詳しく述べますが、この社会では生存が保障される人と、そうではない人とが、法律によって峻別されています。だからといって、そのような現実が正しいということではありません。ただ、そのような現実があるということです。これは、法律に依拠する統治機構だけの問題ではなく、内側と外側に分けようとするすべての思想や価値観の問題でもあるのです。

どのような法律も、境界を定めていきます。いちばんわかりやすい例を挙げるとすれば、憲法ということになるでしょう。憲法ですら、そこで対象となっているのは、日本という国家とその国民に限られています。日本に居住していながらも日本国籍を有していない人たちは、日本国憲法が効力を発揮している今もなお、その生存が保障されることはありません。[1]「そんなに憲法によって生存を保障してほしいなら、日本国籍を取得すればよい」という声も聞こえてきそうです。こうした声の背後にあるのは、憲法の枠組みに収まっていなければ、同じ人間であっても、生存を保障する必要などないという考え方です。

この社会において多くの障害者は、いくら働きたくても働けないような厳しい状況に置かれ続けています。この社会が求める労働能力を十分には満たしていないとされた障害者は、仕事による賃金を得ることが難しくなります。[2]障害者の生存をサポートするはずの福祉制度にしても、給付金の支給要件が厳しくなってきています。[3]障害者は、労働能力の有無という条件によって、過酷な状況へ追いやられてしまっているのです。

そもそも、生存することに条件など必要なのでしょうか。確かに現代社会は、生きていくことにすら条件を付し、それに即して序列をつける風潮が強い。しかも、そうした状況を後追いするかのように、さまざまな法律が改悪されましたし、改悪されようとしています。しかし私は、生きることに、生き延びることに何か資格や条件がいるとは思いません。生きることに何らかの資格や条件を付され、それを満たさなければ、生存がないがしろにされてもかまわないといった思考を、本書では「犠牲」の思考として批判的に論じたいと思います。このような思考が顕著に現れているのが功利主義という倫理学説ですが、私が問題にしたいのは、それだけではありません。私たちの生きるこの社会が一人ひとりの生存に条件を付し、その条件を満たした人だけが、実質的な生きる権利を手にできるようになっているという、そうした現実そのものを問いたいのです。繰り返すようですが、本書が問題にする大切なところですので、もう少し「現実」について見ていきたいと思います。

どのような生であれ、それとまったく同じ生はひとつとしてありません。複数の生があれば、それぞれ必ず何らかの差異があるわけです。その差異は、病気や障害に起因するものかもしれません。性別や性的指向や性自認など性にかかわるものかもしれませんし、出自や民族などにかかわるものかもしれません。あるいは、生物における種や類にかかわる差異もあります。いずれにせよ、それらの差異を理由にして、それが生きるに値するかどうかを決めるような思考を、本書では批判的に取り上げたいのです。そこまでいかなくとも、そうした差異によって、現に序列が設けられています。そのような現実もまた本書では問題にしたいと思います。生きるに値する／値しないという線引きを正当化する議論や、生きていれば必ず現れる差異を矯正すれば社会に受け入れてやるといった言い方には、それと似た問題がはらまれていると私は考えています。

## 私自身の「現実」

ここでは障害者が、生きていくことを無条件には肯定されず、生の序列において、いかに劣位に置かれているかを見ておきます。はじめに、障害を有する私の経験を紹介したいと思います。

私には肢体に先天的な障害があります。この本の執筆時には車イスは使用していませんが、大きく身体を揺さぶりながら独力で歩行することによって移動しています。静止した状態で立位を保つことも困難な状況になってきています。

つい最近の話です。私の住むマンションのエレベーターに乗っていると、途中で小学生三人が同乗しようと、エレベーターの中に入りかけました。エレベーターの収容人数は九人、私しか乗っていなかったので、余裕は十分ありました。小学生たちはエレベーターに足を踏み入れようとしたとき、私の存在に気づいたのか、数秒ほど、曰《いわ》く言い難い沈黙の時間が流れ、何と「大丈夫です」と言ってエレベーターを降りてしまい、次のエレベーターが来るのを待つことにしたようでした。

明らかに小学生たちは、障害者である私と同乗するのをためらっていました。はっきり言えば、嫌だったと言ってよいでしょう。そこで、彼らなりに頭を働かせて、乗りたくないけれども私を傷つけまいとして「大丈夫です」と言って、私を先に行かせようとしたのでしょう。その子たちの親がしていた、敬して遠ざけるような、あるいは慇懃無礼な態度を思い出して、それを再現しただけなのかもしれません。しかし、この「大丈夫です」という振る舞いこそが、「障害者であるあなたと同じ空間にはいたくありません。私とあなたは無関係です」という態度を如実に表しているのではないでしょうか。

できることなら障害者とかかわりたくないという感覚は、この小学生たちに特有のものではなく、この社会に蔓延しているのではないでしょうか。とくに私の場合、姿かたちが特徴的（＝「有徴的」）であるため、面食らったのは事実でしょうし、そのことを否定するわけにはいきません。重要なのはむしろ、そうした事実の積み重ねによって、この社会が、私のような「有徴的」な存在を排除するほうへと向かうのか、それとも受け入れるほうへと向かうのかということです。突き詰めればそれは、この社会がどのような価値を内包しているのかという問題なのです。

小学生たちは私に対して直接、「お前なんか生きている価値はない」と言ったわけではありません。しかし、乗っていたのが私ではなく健常者であれば、きっとそのエレベーターに乗り込んでいたはずなのです。この社会には、健常者を「普通」であるとして規範化し、それによって障害者を排除する構造があります。そのような構造を前提とすることによって、障害者を捨て置き、障害者問題を他人事にさせるのです。当然そこでは、障害者の生きる権利など、どちらでもよいことになります。障害者が生きようが死のうが、尊厳をもって生きようが烙印を押されつつ生きようが、他人事なのです。

結局、そのとき私は小学生たちに注意できませんでした。同じマンションなので、親に何か言われたらうっとうしいという思いも正直ありました。ほんの数秒では、どう言ったらいいか言葉が出てこなかったという、私の機転の利かなさもあるでしょう。相手が小学生であれ、暴力を振るわれれば怖いという気持ちもありました。逆恨みされたらどうしよう、という気持ちもありました。一度注意したぐらいでどうにかなったりはしないだろうという思いもありました。

ここで間違いなく言えるのは、次のようなことです。すなわち、私が彼らに注意をしたところで、それが何に対する注意であるのかわからなくさせるような前提がこの社会にはあるため、どのような注意であれ、おそらく聞き入れてはもらえなかっただろうということです。注意しなくてよい、と言っているのではありません。しかし、いくら個別に注意をしたところで、こうした問題はモグラ叩きのモグラのように、各所で湧いて出てくることでしょう。もちろん、それで問題がなくなるわけではありません。ですから、モグラを生む仕組みそれ自体を問題にする必要があるのです。にもかかわらず、私たちの多くは、モグラを生む仕組みとは関係がないふりをすることによって、この仕組みを延命させてはいないでしょうか。ちなみに、ここで私が紹介した体験は、私にとって日常茶飯事なのです。同じマンションに住む大人ですら、私に対し同じような態度をとることが少なくありません。

言い換えればこういうことです。この社会には、健常者を「普通」であるとして規範化し、それによって「標準」が定められ、障害者はそこから外れる存在であり、排除しても構わないとする言動を正当化する構造があります。こうした線引きは健常者によって行われるため、こうした構造に気づくのはとても難しいのです。このため、私が経験したようなことが各所で行われてしまうのです。

## 生存に条件を付す「犠牲」の思想

生きていることに何らかの資格や条件を付して、それを満たさない生については、その生を軽んじてもかまわない、もっと言えば、終わらせてもかまわない。そのような風潮は、この社会において、以前よりも強まっています。こうした社会においては、生におけるどのような差異も、生きるに値するかどうかの判断材料にされてしまう可能性があります。より具体的に言えば、この社会の大多数が納得しやすいような境界線が引かれたり、現存する境界線がより強化されたりすることでしょう。もちろん、「どういう境界線であればよいのか」といった、その質に関する問い直しが生じることもあるでしょう。いずれにせよ、本書がここで問題にしようとしているのは、生存に関する境界線として人間の差異を理解しようとする価値観や社会制度なのです。

私たちに「犠牲」を強いる思想の中核には必ず、生きることについての資格や要件を問うような眼差しが含まれていると私は考えています。生きることがないがしろにされても構わない生とは、「犠牲」の対象となっても構わない生であり、それが正当化されるような生であると言ってもよいでしょう。そこから逆に、尊重されるべき生や、顕彰されるべき死などが立ち現れてくることでしょう。「犠牲」の問題については、後で詳しく議論したいと思います。いずれにせよ、生きることを無条件に肯定する思想は、生に境界線を引くような「犠牲」の思想とは根本から異なっているのです。

注

1――「日本国憲法は外国人の人権を保障していないのですか？」（ＵＲＬは **http://www.hurights.or.jp/japan/learn/q-and-a/2012/06/post-15.html**）によれば、外国人でも人権は保障されているということですが、生活保護法の運用においては、「外国人は行政による事実上の保護対象にとどまり、法に基づく受給権は持たない」という「準用保護」となっています（東京ソーシャルワーク編『**How to**　生活保護　生活保護法改定対応版』現代書館、二〇一四年、一五九頁）。つまり、外国人が生活保護制度を利用することについては権利として認めるが、行政の裁量によって保護申請が却下されたとき、日本国籍者には認められている不服申請が、外国人には認められていないのです（「朝日新聞デジタル」二〇一四年七月一八日二三時二六分「永住外国人は生活保護法の対象外最高裁、二審を破棄」、ＵＲＬは **http://www.asahi.com/articles/ASG7L5QCFG7LUTIL049.html**）。

2――内閣府『平成25年版障害者白書』によれば、「就業率を年齢階層別に見ると、身体障害者の就業率は、一般の就業率と比べて全体的に20～30％ほど低い分布となっている。これに対し、知的障害者の就業率は、20歳代では一般とほぼ同水準の60％台であるが、30～40歳代では身体障害者と同様の水準まで低下し、更に50歳代後半からは急速に低下する傾向が見られる」とあります（内閣府『平成25年版障害者白書』二〇一三年、一五頁）。同頁の図表によれば、二〇歳代後半と三〇歳代後半以上の年代の精神障害者の就業率が二〇％を超えることはありません。

最近のレポートとしては、NHKで放映された「首都圏ネットワーク」二〇一三年一月二二日放送「知的・精神障害者　進まない雇用の現状」があります。それによると、「障害者の就職は厳しい状況が続いており、知的障害がある人や精神障害がある人の求人が少なく就職はさらに厳しくなっています」ということです。（https://www.nhk.or.jp/shutoken/net/report/20130122.html　二〇一三年八月二一日取得）

3――「障害者の多くに対し、生活保護と障害基礎年金以外の生計の道や、そこまでの教育が保障されていない現状では、障害者と生活保護は否が応にも強く結びつかざるを得ないのである」（みわよしこ『生活保護リアル』日本評論社、二〇一三年、一四四頁）。周知のように、二〇一三年八月から、その生活保護の保護費も削減されました。「二百十五万人が受給する生活保護費の引き下げが八月から始まった。受給者はさらに切り詰めた生活を求められる。保護費を抑えるには、自立支援に本腰をいれて受給者を減らすしかない」（「東京新聞」二〇一三年八月二日付社説）。

# 2　功利主義の問題点

## 少数者の犠牲を容認する功利主義という思想

現代の倫理学において、数々の批判を受けながらも、依然として大きな思想の流れを形づくっているのが、功利主義といわれる考え方です。この功利主義の考え方が、私たちの価値観や社会政策の根底に深く根づいているのではないかと私は考えています。

現代における功利主義は、多くの批判を受け止めつつ、その理論を洗練させてきたと言われています。その核心部分にあるのは、「最大多数の最大幸福」という原理です。ある社会の大多数の人びとがより幸福になれるような行為が正しい行為であり、そのような社会政策こそが正しい社会政策である、とする考え方です。もちろん、そこからこぼれ落ちるような少数派の存在や意見も考慮され、その政策に反映されることにはなります。

功利主義的な発想の典型例として、久間章生《きゅうまふみお》衆議院議員（当時）の発言を引いておきましょう。

国家の安全のために個人の命を差し出せなどとは言わない。が、90人の国民を救うために10人の犠牲はやむを得ないとの判断はあり得る。（「朝日新聞」二〇〇三年六月三〇日付）

この発言は国民国家という枠組みを前提としており、それについても言いたいことがありますが、ここでは別の角度から検討してみたいと思います。この発言が前提としているのは、「大多数の人びとが幸せに生きられるのであれば、少数者の犠牲は許容しなければならない」という思考ではないでしょうか。「そうでなければ社会は回っていかない」という意見や「こうした思考こそ、現実的な考え方である」という意見もあることでしょう。しかし、そのような意見こそが、多数派と少数派とを分離し、多数のためには少数が犠牲になってもかまわないとする思考と「共犯関係」を結び、このような思考を支えてきたのではないでしょうか。

私はもちろん、「少数者の犠牲」を正当化しつつ——このように述べるのが言いすぎであれば、「仕方なくではあれ、許容しつつ」と言い換えてもかまいません——、社会を回していくような思想には反対です。すでに前節で述べたように、多数派こそが生きるに値し、少数派は生きるに値しないような社会を追認してしまうからです。私が問題にしたいのは、現実の行為と倫理に関して、功利主義が暗黙のうちに置いている、ある前提についてなのです。私見ではそれは、功利主義以外にも当てはまるような前提です。しかしながら功利主義では、この前提が強く前面に押し出されるからこそ、倫理学の理論として問題があると私は考えているのです。

## 現実のジレンマを解決する？

それでは、「現実の行為と倫理に関して、功利主義が暗黙のうちに置いている、ある前提」とは、一体どのようなものなのでしょうか。功利主義にかんする最近の優れた入門書を例にとって考えてみましょう。

少し前に、小学校の算数の授業で割り算を教える際に、先生が「ここに一八人の子どもがいる。一日に三人ずつ殺すと、何日で全員を殺せるでしょう」という設問を出して問題になったことがあった。「五人を救うために一人を死なせるべきか」という問いも同じではないだろうか？　倫理の授業では、誰を死なせるかという問いよりも、どうしたらみんなを助けられるかについて考えるべきではないのだろうか？（児玉聡『功利主義入門――はじめての倫理学』ちくま新書、二〇一二年、三七頁）

児玉氏が、小学校での倫理の授業で問題だと感じたのは、人を死なせることの是非に重点が置かれ、どうすればみんなを助けられるかについては、それより軽く扱われている点にあるようです。

たしかに、倫理学において用いられるいわゆる「思考実験」は、人が死ぬものが多くて一部の人にはショッキングかもしれない。とくに、「人を殺してはならない」とか「困っている人を助けるべきである」といった倫理的ルールを教え込むべき道徳教育の段階においては、こうした事例を用いることは控えるべきであり、その意味では、小さい子どもにこのような問題を考えさせるべきではない。しかし、道徳教育において学んだ倫理的ルールを批判的に検討する倫理学においては、次の二つの関心から、どうしてもこのような思考実験が必要になる。（前掲書、三七－三八頁）

小さい子どもに、「人を殺してはならない」とか「困っている人を助けるべきである」といった倫理的ルールを教え込むべきであるとしても、「人が死ぬものが多」い「思考実験」を用いるのは不適切であると認めた上で児玉氏は、そうしたルールを「批判的に検討する」際には、「思考実験」はどうしても避けられないと述べ、以下のような理由を挙げています。

一つは、理論的な関心だ。「人を殺してはならない」や「困っている人を助けなければならない」といった倫理的ルールは、場合によっては衝突することがある。こういったケースを倫理的ジレンマ状況と言うが、われわれは倫理的ジレンマ状況における自らの思考を批判的に検討することで、そのような状況にも対応できるような、より洗練された倫理的理論を作り出す必要がある。そのさい、さまざまな個別的事情を捨象した抽象的で架空のケースの方が考えやすいため、こうした思考実験が用いられるのだ。（前掲書、三八頁）

つまり、倫理的なルール同士が衝突することがあり、そのような状況においても対応できるような理論をつくろうとする際に、個別の事情をいちいち勘案するよりも、抽象度をぐっと上げてしまったほうが考えやすいので、「思考実験」を用いるのだというのです。それに加えて児玉氏は、もう一つ理由を挙げています。

もう一つは、より実践的な関心だ。倫理においては、災害や戦争などの非常事態において、「自分の二人の子どものうち一人しか助けられないとしたら、どちらを助けるべきか」というような問いが現実になる場合もありうる。そのため、こうした問題について事前に考えておくことが現実的に重要だ。たとえば、「二人のうちの一人しか生かせないときに、どうすべきか」という問題が現実に生じた例を考えてみよう。英国で二〇〇〇年ごろに起きたジョディとマリーのシャム双生児（結合双生児）のケースがそれだ。（前掲書、三八―三九頁）

非常事態に立ち至ったとき、「倫理的ジレンマ状況」が現実のものとなる可能性があり、そのときどうすればいいかを事前に考えておく必要があるのであって、それには「思考実験」が役立つというのです。

児玉氏によれば倫理学とは、「人を殺してはならない」とか「困っている人を助けるべきである」といった倫理的ルールを批判的に検討する学問です。もちろん、多くの人が「倫理的ジレンマ状況は、起きないにこしたことはない」と考えるであろうことも、そのような状況が「起きることを防ぐべく努力すべき」であろうことも、児玉氏自身が認めています（前掲書、三九頁）。ただ、そうした状況は不可避に起こるのであって、その際に対応可能な、「より洗練された倫理的理論」を作っておくべきであり、それには「思考実験」が有用だと考えているわけです。

なるほど、こうした考え方には一理あると私も思います。実際にジレンマ状況に置かれたたならば、いかなる行為を「選択」すべきか悩むに違いありませんし、「なぜ、そうするべきなのか」の理由が与えられていなければ、誰も納得などできないでしょう。ですから私は、こうした問題を考えることに意味などない、と断じるつもりは全くありません。しかしながら私は、児玉氏のような倫理学理解に対して、根本的な違和感を抱いてしまうのです。

倫理的ルールをめぐる「思考実験」について児玉氏は、「こういうことを考えるのは精神的に耐えられないという人は、無理に本書を読み進める必要はない」し、「自分がこれまで信じてきたことや自分のこれまでの生き方について批判的に考えるというのは、ある程度の覚悟が必要であり、その覚悟ができたときに読めばよい」と述べています（前掲書、四〇頁）。しかし私には、その人が「精神的に耐えられ」るかどうか、「覚悟」があるかどうかといった水準のこととして、この問題を終わらせてよいとは思えないのです。

以下、私が抱く「根本的な違和感」について述べていきましょう。

## 背負うべき負い目を取り除く功利主義

まずは、先述の児玉氏の本でも取り上げられていた、ジョディとマリーというシャム双生児を例に取って考えてみましょう。

「一卵性双生児のジョディとマリーは生まれつき体が腰と尻のあたりで結合している。マリーの心臓が十分に機能していないため、そのまま成長すればジョディの心臓に二人分の負担がかかって死ぬ。しかし、仮に二人を分離する手術をすると、ジョディは生きられる可能性が高いが、心臓などの臓器が十分に機能していないマリーは確実に死ぬ」という状況です（前掲書、三九頁）。

敬虔なクリスチャンである両親は、子どもの生死を決めることはできないし、どちらを殺すかを決めることもできないとして、分離手術を拒否しました。その結果、二人の子どもを見殺しにすることになるとしても、です。それに対して病院側は、ジョディだけでも生かすよう提案するのです。もともと、マリーは「臓器が十分に機能していない」ので、殺されても構わないというのです。手術の許可を求めて病院側は、裁判所に訴え出ました。そうした経緯を紹介したうえで児玉氏は、「あなたが裁判官ならどう判断するか」と尋ねます（前掲書、三九頁）。

ジョディとマリーの両親にしても、病院にしても、二人の子どもを救いたいと願っていますが、実際にはマリーのことを見殺しにせざるを得ず、それがいかに辛いことであるかも分かっています。そのうえで、ジョディのことも見殺しにするのか、ジョディだけでも助かる道を模索するのか、そこが分かれ道なのです。

「生を肯定する」立場からすれば、病院側の主張が正しいと結論づけるだろうと思われるかもしれません。たしかに、ジョディのことを考えれば、むざむざ殺されるいわれは全くありません。しかし、ジョディが生き延びるには、マリーの生命を犠牲にしなければなりません。どのような「選択」をしても、マリーは死ぬほかないのです。ここがポイントです。

どのような「選択」をしても、マリーを殺すことになってしまう以上、かならず両親は、自分たちの行為に負い目や後ろめたさを感じてしまうことでしょう。あのときの「選択」は間違っていたのではないかと自分たちを責め、自問自答するのではないでしょうか。後述しますが、私はこうした「負い目」や「後ろめたさ」、さらには「自罰」といったものをくぐり抜けずに倫理的であろうとすることは不可能だと考えています。

話を戻せば、私自身は、この両親のように分離手術に反対することも、「二人を死なせるぐらいなら一人を生かすべきだ」という病院側の主張も、どちらも「正解」であるとは考えません。高を括っているのではなく、こうした現実を前にして、そもそも「正しい行為」などあり得ないと思うのです。こうした場面に直面すれば、どんな人であっても、何らかの「選択」を余儀なくされるはずです。

分離手術をせず、両親が言うように「二人の生死は神の御心に任せ」ても、病院側が言うように「二人を死なせるぐらいなら一人を生か」すのも、どちらもあり得ると私は考えます。こうした状況においては、他にどうすることもできないわけですから、どちらかしか方法はありません。そのことと、「こちらのほうが正しい」とルール化し、同じような状況が生じた場合にはそのルールに従えばいいとすることは、根本的に異なることです。後者においては、倫理的ジレンマ状況に直面しても、負い目や後ろめたさを感じさせないよう、ルールを設定しているのではないでしょうか。そうであるなら、根本的なところにおいてこうした立場は、倫理的に生きるということから逃げていると私は思うのです。

このように考えると、「あなたが裁判官ならどう判断するか」という問いは、倫理学的に考えているように見えて、実はその現実を動かしようのないものとし、そうした状況を批判的に検討することを封じることになっているのではないでしょうか。児玉氏の言うように、「道徳教育において学んだ倫理的ルールを批判的に検討する」のが倫理学であるならば、そうしたルールが何を前提としており、どうすれば倫理的ジレンマ状況を回避できたのかを考えることは不可避なはずです。そして、「倫理的ルールを批判的に検討する」ということは、倫理的ジレンマ状況が少しでも解消するように思考し、その前提となっている現実に働きかけるということでもあるはずです。それがないまま、ただ機械的に倫理的ルールに従うとすれば、「より洗練された倫理的理論に従ったのだから、私の「選択」は間違っていなかった」という自己正当化をもたらしかねません。そうなると、自分のしたことがたとえ強奪であったり、人を傷つけるようなことであったとしても、「より洗練された倫理的理論」に従ったのだから何も問題はなかったという居直りをも正当化することになってしまうのではないでしょうか。それによって、そうした状況において直面するはずの負い目や後ろめたさといった感情を、ことごとく排除することになってしまうのではないかと、私には思われるのです。

## 根源的な自由を奪っていく倫理的ルール化

今度は、児玉氏の言う「理論的な関心」に目を向けてみましょう。たしかに、二つ以上の倫理的ルールが衝突してしまうような、「倫理的ジレンマ状況」が生じることはあるでしょう。そうした場合にも対応可能な、「より洗練された倫理的理論」を作る上で、個別具体的な事情は捨象しておいたほうが考えやすいため、読者をして「覚悟」が必要となるような「思考実験」を用いるのだと児玉氏は主張していたのでした。

もし、倫理というものを、「ある固定された状況において、どのような行動を取るべきか」という問題に収束させることができるのならば、それでもかまわないでしょう。だとすれば、「倫理的ジレンマ状況」において、「より洗練された倫理的理論」に従って行動すれば、「倫理的に振る舞った」ことになるはずですが、本当にそう言えるのでしょうか。たしかに、「より洗練された倫理学理論」に基づいて行動していれば、大きな間違いを犯さずに済むかもしれません。そう考えれば、「より洗練された倫理学理論」を考え出すことがいけないことだとは言えません。しかし、倫理学は「倫理的ルールを批判的に検討」すれば十分なのではなく、「倫理的ルールに従って行動すれば、倫理的な生き方をしたことになるのか」という問題も考えなくてはならないと私は思うのです。もし、「倫理的ルールに従って行動すれば、それは倫理的な生き方をしたことになる」としてしまうなら、そこには二つの大きな問題があると私は考えます。一つは、一人ひとりの主体性の問題であり、もう一つは、現実に可能な行為と正しさとが混同されているという問題です。一体それはどういうことでしょうか。

先ほども述べましたが、「倫理的ジレンマ状況」にも対応できるよう、「思考実験」を用いて、「より洗練された倫理的理論」を考え出そうとする態度を、私は否定するつもりはありません。個別具体的な事情を捨象した、より普遍的な場面を設定し、そこにおいて倫理的な正しさを追求するという方向性それ自体は、けっして間違ってはいないからです。私が問題にしているのは、そういうことではありません。「より洗練され」ていようが、あるルールに従っていさえすれば、倫理的な行動として認められてしまうこと、その積み重ねが、倫理的な生き方であると認識してしまうことを、私は問題にしているのです。それがルールだからという理由で、そのルールに従って生きていくとすれば、その人はルールに従うだけの単なる自動機械であり、そこに主体性はありません。しかし、私たちは、抜き差しならない他者との関係性のなかで、倫理的ルールに背かざるを得なくなることもあります。

そのような他者との関係から生じた義務や責任こそが、倫理の原初的なかたちであろうと私は考えます。そしてそれは、私という存在がどうしようもなく感じてしまう、他者に対する負い目や、自分が生きていくうえで感じざるを得ない自己に対する「責め」に端を発していると思うのです。「責め」とは、他者の存在や言動にやむにやまれず心を動かされ、ときとしてそのような感情に支配されることによって、自分を苦しめるものです。そして、そのような苦悩は、濃淡こそあれ、他者とともにこの社会に生きている限り、けっして逃れることができないものです。

たとえば、友人や知人が苦しんでいるときに助けてあげたいと思いながらも、どうしてもそれが不可能な場合に感じてしまう無力感も、そうしたものの一つです。地球の反対側で、見知らぬ人たちが生存の危機にあって苦しんでいる姿をテレビなどで目にして、どうしようもなく心苦しくなることも、そうです。取り返しのつかない過去のあやまちへの負い目や、将来世代や自然環境に対する責任感なども、そうしたものの一つです。もちろん、倫理的ルールは、こうしたことも考慮に入れて考えられるわけです。たとえば、「道端にごみを捨ててはならない」というルールも、未来の環境を保護するための大切なルールであるわけです。しかし、ルールにした途端、どうしてもそれは形式的なものになってしまうのです。単にルールとしてそのように決まっているからということと、考えた末にルールに従ったり、場合によってはルールに背いたりするということとは、行為者の主体性や責任という位相において、まったく違うことです。

しかし、現に私やあなたが他者と切り結ぶ関係は、そうした「一般化された倫理的ルール」という発想を食い破ってしまうのではないでしょうか。倫理的とされるルールに背くことになっても、その倫理的ルールの前提を問わざるを得ないようなことが、個々の状況や文脈によっては起こり得るのです。たとえば、万引きはよくありません。私も「一般化された倫理的ルール」としてはそう思います。しかし、万引きをした人が、職にあぶれ、持ち合わせも少なく、三日三晩飲まず食わずの生活を送っており、コンビニに入っておにぎりと飲み物とを盗んだ、という状況であればどうでしょうか。私は、「そういう人であれば許される」と主張したいのではありません。むしろ、社会的には許されざる行為であると思います。しかしながら、この人をして万引きをする状況に追い込んだ社会、より具体的には私たち自身の意識と社会制度、というものを問わなければならないと思うのです。この人を許せないと思っている私とはいったい何者なのか、そういったところからも、「責め」の感情は出現してくるのです。一見すると「許されざる行為」においても、倫理的な思考をいやおうなく引き起こすものがあるのです。そこにおいて、自己の主体性や自由というものが現出すると私は考えています。これについては第4章でより深めるつもりです。

倫理的ルールに従っておけば、倫理的に行動したことになるという発想が問題なのは、個別具体的な他者との関係から生じる責任も、私という存在の主体性や自由も捨象されてしまうからなのです。もちろん、倫理的ルールが設けられることによって、それまでその社会から排除されていた集団や個人が、より生きやすくなるということもあるでしょう。ですから、「一般化する」ことに意義がないわけではありません。しかし、こうした一般化によって、それによって守られる生と、棄損されてもよい生との分断が必ず生じてしまうのです。たとえば、二〇一五年一月から施行された「難病新法」においては、医療助成が受けられる難病疾患が五六から約三〇〇に増えました。対象となる疾患が増えたのは喜ばしいことですが、その一方で、従来の疾患による助成を受けていた患者たちの自己負担が増えたのです。新法においてすら対象とならない疾患もありますす。この法律の立法過程そのものに、難病者を法律によって分断していくような思考があると思うのです。ちょうどそれは、社会保障に関するある法律が、対象とする範囲を定めることによって、その範囲内であれば、どんな人であれ支援が受けられるのに対して、対象外となった人はその恩恵にまったくあずかれないということと相似形をなしています。このようにして、「棄損されてもよい生」が選別されていくのです。

こうした状況に対して、私たちはどのような態度を取ればいいのか、倫理的ルールに従っているのだから、特に問題はないとしてしまっていいのか。このような問いこそが、「倫理の原初的なかたち」ではないでしょうか。このような問いを自ら引き受け、考えることから、「個別具体的な他者に対する責任」や「自己の主体性と自由」が立ち上がってくるのではないか。そう私は考えています。

そして、「倫理的ジレンマ状況」に対応できるような、「より洗練された倫理的理論」において推奨されるのは実現可能な行為であって、あくまでそれが大前提となっているのではないでしょうか。ジョディとマリーの例で言えば、「二人とも救う」ことも、「二人とも救えるような医療技術や医療体制を整える」ことも、あるべき対応の仕方としては、はじめから排除されているわけです。こう言うと、「そういう議論の仕方は卑怯だ。それができるなら、言われなくてもそうしているのであって、それができないからこそ、実現可能な選択肢のなかから、より倫理的な答えを選ぶしかないのだ」と反論されそうです。実現可能な選択肢からしか選択できないというのは、もっともな指摘です。しかし、だからといって、実現可能な行為のなかに倫理的な答えがあるということにはなりません。もちろん、「倫理的ジレンマ状況」においても、「よりマシな」行為はあり得ます。しかしながら、過酷きわまりない状況であったり、正義がまったく実現されていないような状況であったりする場合に、倫理的な行為をなし得る可能性はあるのでしょうか。仮にあり得るとしても、そのような状況にある当人に対して、「より洗練された倫理的理論」に依拠すれば、かくかくしかじかの行為をするべきだなどと、誰が言えるでしょうか。

そうした状況でできることと言えば、「よりマシな」方向に事態を改善させることぐらいではないでしょうか。そして、その一つのアプローチの仕方として、「パレート改善」というものがあります。ここにこそ、功利主義と経済成長至上主義の結託があると私は考えていますが、これについても第2章で言及します。ともあれ、最善の選択が不可能な状況に追いやられているなかで、倫理的に望ましいのは、かくかくしかじかの行為であると指し示すことはできないのです。ジョディとマリーの両親の例でもわかるように、マリーを死なせなければいけないという前提そのものが、そうした状況における倫理的な行為の選択を不可能にしている。そう私は思うのです。

もっと言えば、「思考実験」を用いて導き出された、「より洗練された倫理的理論」は、過酷な状況において、そのように選択するほかなかったことを、倫理的な行為とみなすことで、その行為を正当化するような機能を果たしてしまっていると言うこともできるでしょう。言い換えれば、「より洗練された倫理的理論」には、「倫理的ジレンマ状況」を引き受けることなく、実現可能な選択肢の中で選ばざるを得なかった行為を、あたかも倫理的に正当な行為であると見せかけてしまう作用がある、ということなのです。

以上の議論から、功利主義の本質的な問題は、「倫理学で用いられるいわゆる「思考実験」は、人が死ぬものが多くて一部の人にはショッキングかもしれない」という点にあるのではないということがわかるのではないでしょうか。むしろ、こうした議論を展開することで、功利主義に対する批判に反論してみせ、それによって功利主義に対する批判をかわしたように見せかける、巧妙な手段であると私には思えます。功利主義の大きな問題点として、この思想の前提それ自体が、そもそも倫理的な問いを引き受けようとせず、むしろ目を逸らさせているところがあると、私は考えているのです。

## 現実と倫理の混同

「最大多数の最大幸福」を至上命令とする功利主義においては、何らかの行為を選択したその帰結によって、行為の善悪を評価することになります。現代の功利主義は、行為選択の帰結を評価する際の判断基準として、快苦ではなく選好へと転換したことで、自らの理論をより洗練させてきたと言われています。

伝統的な功利主義においては、ある行為や政策がどれほどの快楽を与えたのか、どれほどの苦痛をもたらしたのかを評価基準としていました。しかし、そこでは、「他者の快楽や苦痛をどのように測定するのか、快楽や苦痛の強弱や感じ方の違いをどのように測るのか」という難問が立ちはだかることになります。そこで現代の功利主義では、ある状況下でいくつか存在する選択肢のうち、何を選ぶのかという選好の強弱を判断規準にするのです。この方法であれば、実際にある行為、もしくは政策を選ぶわけですから、「他者がどのように感じているのかわからない」という難問も解決できるわけです。

ある状況において、いかなる行為を選択するかを決めるには、それによっていかなる帰結がもたらされるかを考慮せざるを得ないでしょう。その点において功利主義は、ごく当たり前のことを主張していると私は考えます。しかし、「最大多数の最大幸福」をもたらす行為こそが、倫理的に正当化されるべき行為だと主張したとき、その様相はガラリと変わるのです。

功利主義に基づく倫理学理論が推奨する行為は、ある状況における「よりマシな」選択肢にすぎません。上述したように、功利主義には、理論的な側面における問題点として、倫理的な問いを自ら引き受けずに済んでしまうという主体性の問題があり、実践的な側面における問題点として、実現可能な行為を、倫理的に正しい行為であると見せかけてしまうという問題があったのでした。しかも、倫理的ジレンマ状況の多くの場面においては、「犠牲」を前提にしているという問題があります。こうした点から私は、功利主義という倫理学理論には大きな問題があると考えるのです。

「生の無条件の肯定」という思想に基づく倫理は、「現実」という前提から疑います。もちろん私たちは、そうした現実を前提にしなければ、行為の選択もできません。ですから、「生の無条件の肯定」から導かれる倫理は、功利主義のそれのように、明確な基準に基づいて行為を正当化することができず、ある意味で、まったくの無力です。しかしながら、「現実」という前提を疑うことによって、来るべき社会がどうあるべきかを、クリアに描くことができるのです。つまり、私の考える倫理は、現実を前提とし、どのような行為や政策であれば正当化できるのかを問うようなものではありません。この社会の現実は犠牲であふれているのですから、そうした現実を前提とする倫理学においては、必ず犠牲が生まれてきてしまうのです。

「生の無条件の肯定」とは、来るべき社会における正義の構想のことです。そこから織りなされる倫理をひとことで言えば、「他者と共に豊かに生きられる、犠牲なき社会を目指すあり方」となります。次章では、共に生きるべき他者とは誰か、豊かさとは何か、共に生きるとはどういうことかについて考えていきたいと思います。それによって、私が考える倫理の輪郭を明確にしたいと考えています。

# 第2章

# 倫理とは何か

## 1　倫理学とはどういう学問か

### 倫理学のイメージ

前章では、「生の無条件の肯定」にもとづく倫理のあり方について、功利主義的な倫理学にもとづく倫理のあり方と対比することで説明しました。「ある行為や政策の帰結によって、その善悪を判断する」功利主義は、状況が固定されているのであれば、大変優れたルールを導き出すことができます。しかしそれは、「倫理的なルールに従うこと」と「倫理的な生き方をすること」を混同してしまうという点において、大きな問題をはらんでいるのでした。「生の無条件の肯定」にもとづく倫理学は、そこを問題にしています。

本節ではまず、前章で確認したことを別の仕方で示すことで、「生の無条件の肯定」にもとづく倫理とは何かを明らかにしていきたいと思います。

倫理学と聞いても、多くの人は、それがいかなる学問であるのか、非常にイメージしづらいようです。もちろん倫理学は、「倫理」に関する学問ではあるのですが、そうであるとして、「倫理」とはいったい何なのでしょうか。私が知る範囲で言っても、それには複数の答え方があります。私が考える「倫理」とは何かを、ここで明らかにしておきたいと思うのも、こうした事情があってのことです。

「倫理」とは、どういう意味なのでしょうか。「倫」という字が意味するのは、「人の道、人としてあるべき道」というもので、「理」という字は「ことわり」を意味しています。したがって「倫理」とは、「人としてあるべき道についての掟」のようなものだと言っていいでしょう。そこで、倫理学とはそうした掟について研究をする学問であると、当座は理解しておいてください。言い換えれば、「いかに生きるべきか」について考える学問である、と言ってもいいでしょう。

倫理学とは、学問の分類で言えば、哲学のひとつの領域です。哲学とは、大雑把に言ってしまえば、人生のあらゆる出来事について、その根源にさかのぼって探究する学問です。その中でも倫理学は、別名「道徳哲学」（Moral Philosophy）と呼ばれており、道徳について考え抜くための学問なのです。それでは、道徳とは一体何なのでしょうか。私の考えでは道徳とは、正邪や善悪に関する判断、およびその判断の土台となる考え方のことです。つまり、「何が正しい（正しくない）ことなのか、何がよいこと（悪いこと）なのかについて、根本的に考えてみる学問」が、倫理学なのです。

それでは、「人としてあるべき道」とは、いったい何でしょうか。そのようなことを考えたり、研究したり、教えたりすることの意味とは、いったい何なのでしょうか。ここで私は、「人としてあるべき道」というときの、「べき」という語に注目したいと思います。この言葉は、「正しさ」や「よさ」に関係しています。私の考えでは、倫理学に対する期待も懸念も、すべてここに凝縮されています。だからこそ、「倫理学を勉強すれば、正しい行為、よい行為について考えるための導きの糸が得られるはずだ」と期待を寄せる人も出てくれば、「そもそも、われわれ人間にとって、正しさやよさを知ることなどできはしないのだから、そんな研究をしても無駄だし、それを人に教えるなど不遜きわまりない」と批判をする人も出てくると思うのです。たしかに倫理学において、正しさやよさに関する考察を欠かすことはできません。だからといって倫理学は、何が正しい道かを教え諭したり、何がよい行為であるかを示したりするものではありません。むしろ、それが何を前提としているのかを探究するのが倫理学という学問だと私は思うのです。

## 倫理学は処世術ではない

さきほど私は、倫理学とは「いかに生きるべきか」について考える学問である、と述べました。往々にしてこの問いは、「いかなる行為が正しいのか、どのような行為がよい行為なのか」という問いに変換されます。たしかに、この問いについて徹底的に考えることも、倫理学の重大な使命のひとつです。しかし、「いかに生きるべきか」という問いと、「いかなる行為を選択すれば、正しい生き方と言えるのか」という問いは、まったく異なるものです。しかも、前者の問いを後者の問いへと変換することで、倫理学が問うべき大切な要素が削ぎ落とされてしまっていると私は思います。なぜ、そう言えるのか。理由は二つほどあります。

一つ目の理由は、行為の正しさやその根拠をいくら探究しても、それには論理的な限界がある、ということです。たとえば、「この行為は正しい。なぜなら、○×だからだ」という言明があったとして、そこで示された理由が納得されなければ、その理由の理由を言わなければなりません。こうして、納得が得られるまで、無限に理由探しが続いてしまうのです。こうした無限後退を終わらせるには、どこかで、「正しいのだから正しい」というトートロジーを用いざるを得なくなります。つまり、こうした探究の仕方を推し進めていけば、必ず限界に突き当たってしまうのです。

そして、「いかに生きるべきか」という問いは、換言すれば「私がよく生きるとはどういうことか」という問いですが、そのことと「私がなすべきよい行為とは何か」という問いは根本的に異なっているというのが、二つ目の理由です。もちろん、「よく生きる」ということには「正しい行為をする」「よい行為をする」ということが含まれますが、それだけにはとどまりません。「私がなすべきよい行為とは何か」という問いにおいては、往々にして、何（誰）に対して「よい」のかが不問に付されてしまうのです。たとえば、赤信号で渡ってはいけないというルールのもとでは、赤信号では渡らないということが正しいこととされます。「嘘をついてはならない」というルールのもとでは、嘘をつかないという行為が推奨されます。このように、「私がなすべきよい行為とは何か」という問いにおいては、具体的な行為の水準での正否の判断に重心が置かれることになってしまうのです。

いま私たちの多くは、社会など動かしようがないと考えているのではないでしょうか。そして、それを所与の条件として、どのように行動すればいいかの判断基準を決めているのです。言い換えれば私たちは、「この社会は動かしようがないのだから、それを現実として受け入れるしかない」と思い込み、その範囲内で実行可能な行為しか考慮しなくなってしまうのです。ここに大きな誤りがあります。

たしかにこの社会は動かし難い。それは事実です。しかし、そのことと、この社会がいかにあるべきかは、まったく別のことです。にもかかわらず、目の前の現実に依拠して、私たちの行為の正しさやよさが決められてしまう。これでは、現実に不正義が行われていても、それを問うことはできません。なぜなら、そのような現実を前提にして、正しい行為とは何かのルール設定がなされているからです。目の前の現実が正義にかなっていない場合、そこでの行為の正しさやよさを問うことはできないと私は考えていますが、ともすると私たちは、その現実の範囲内での「適切な」行為を「正しい」行為であると考えてしまいがちです。たしかに、その現実が動かしがたく、そのなかで生きていかねばならないとすれば、そこにおいて最も適切な行為とは何かを探究することには意味がありますし、その探究によって最も適切とされる行為を選択すべきでしょう。

しかしながら、その現実のほうに問題があるとすれば、そこで最も適切とされた行為は「適切」であるにしても、「正しい」行為ではないはずです。ここを間違えてしまうと、倫理は、現実に対する単なる処方箋になってしまいます。そうなってしまうと倫理学は、私たちが従うべきルールやその根拠を考えるための、単なる知的ツールになってしまうのです。

もうひとつ理由があります。じつは私は、「正しくない行為をしても、よく生きる」道があるのではないかと考えているのです。たとえば私たちは、生きていくために、動物を殺して食べたり、他の生命を犠牲にしたりしています。これは厳然とした事実です。その意味において私たちは、根源的に非倫理的な存在であると言えるでしょう。しかし、そのことに開き直ってしまうことと、そうした事実から目を逸《そ》らさず、自らの非倫理性をなんとか変えていこうとすることは、まったく別のことです。たとえ、正しくない行為をしてしまったとしても、そのような自らを問い続けていくとすれば、そのこともまた「よく生きる」ことなのです。もし、目の前の現実が正義にかなっていなければ、そうした現実を変えていくこともまた、「よく生きる」ことではないかと私は考えているのです。

### 「他者と共に、豊かに生きるにはどうすればいいか」を問うのが倫理学

ここで、私が考える倫理とはどのようなものか、定義をしておきましょう。さきほど私は、倫理とは「人としてあるべき道についての掟」であると述べました。その後、「いかに生きるべきか」、「よく生きる」とはどういうことかについても、私の考えを述べました。これらの論点について、もう少し掘り下げて考えてみたいと思います。

私たちは、この社会に生まれ落ち、いままで生きてきました。どんな人であれ、他の生命、他人の存在と関わらずに生きてきた人はいない——そうした経験が、経験した当人の中でどのように受け止められたかはともかく——と思います。まずはこの事実から出発したいと思います。

私たちは、「あのとき、このようにすべきだった」と、自分の行為について反省をすることがあります。「このようにすべきである」と思い、実際にそうしたりしなかったりするなかで、さまざまな感情を抱くことがあります。できることならあのとき、正しいとされることがしたかったという後悔の念に苛《さいな》まれるのも、私たちの心の働きのひとつでしょう。そうした中で、何が正しい行為であるかの判断基準とその理由を可能なかぎり考えることも、倫理について考えることです。しかし、先ほども述べたように、倫理学が探究すべきなのは、そうしたことに限られません。というのも、そうしたアプローチには、「選択可能な行為の中から、基準を作り出す」という隠された前提があるからです。

どのような生、どのような存在であっても、その生存を困難にさせる行為を正当化するような思想があったなら、倫理学はその正当化を拒絶しなければならないし、そのような思想を批判的に検討しなければならないと、私は考えています。言い換えれば、倫理学は、「他者と共に、豊かに生きていくためには、どうすればよいのか」を考える学問でなければならないと私は思うのです。したがって、目の前の現実を前提とし、その範囲内で実行可能な選択肢から選ばれた行為や政策を正当化するような思考とは、まったく異質なものなのです。

それでは、「他者」とはいったい誰のことであり、「共に生きる」とはどういうことで、「豊かさ」とは何なのかについて、順に考えていくことにしましょう。その一つひとつが、倫理学を考える上で非常に重要な視点となるはずです。その場合も、倫理学とは何をする学問であるかを意識しておくことはきわめて大切です。こうした理由から本節では、この点について簡単に振り返りつつ、まとめておいたのでした。

## 2　共に豊かに生きる他者とは誰のことか？

### 共に豊かに生きるべき他者とは誰のことか？

前章の最後のところで私は、「生の無条件の肯定」について、それは「来るべき社会における正義の構想のことです。そこから織りなされる倫理をひとことで言えば、「他者と共に豊かに生きられる、犠牲なき社会を目指すあり方」とな」ると述べておきました。おそらく読者は、ここで言う「他者」とはいったい誰のことかが気になるはずです。言い換えればこれはメンバーシップの問題ですが、本節ではこの問題について考えていきます。

まずは、哲学者である高橋哲哉氏の議論を手がかりにしながら、考えていきたいと思います。

高橋氏は『戦後責任論』（講談社、一九九九年）で、「すべての人間関係の基礎には言葉による呼びかけと応答の関係があると考えられます」（二五頁）と述べています。では、「言葉」を発するのは一体だれでしょうか。私の考えでは、それは生身の身体をもつ多種多様な「存在」です。私たちは、こうした無数の他者に取り囲まれて生きていかざるを得ません。「私たちのまわりには、他者からの呼びかけがあふれている」（前掲書、二四頁）のです。高橋氏はさらに次のように述べています。

あらゆる社会、あらゆる人間関係の基礎には人と人とが共存し共生していくための最低限の信頼関係として、呼びかけを聞いたら応答するという一種の〝約束〟があることになります。もちろんこの応答にはさまざまな形がありますが、とにかく応答する、呼びかけを聞いたら応答するという一種の〝約束〟がある。この〝約束〟はいつ、どこで、だれとなされたのか分かりませんけれども、そういう非常に古い、原初的な〝約束〟ですが、私たちは言葉を語り、他者とともに社会の中で生きていく存在であるかぎり、この〝約束〟に拘束されるとわたしは考えるのです。この〝約束〟を破棄する、つまりいっさいの呼びかけに応答することをやめるときには、人は社会に生きることをやめざるをえないし、結局は「人間」として生きることをやめざるをえないでしょう。（前掲書、二五頁）。

ここに書かれている、「呼びかけを聞いたら応答するという一種の〝約束〟」、「いっさいの呼びかけに応答することをやめるときには、人は社会に生きることをやめざるをえない」とは、一体どういうことでしょうか。これについて高橋氏は、次のように論じています。

私は責任を果たすことも、果たさないこともできる。私は自由である。しかし、他者の呼びかけを聞いたら、応えるか応えないかの選択を迫られる、責任の内に置かれる、レスポンシビリティの内に置かれる、このことについては私は自由ではないのです。他者の呼びかけを聞くことについては私は完全に自由ではありえない。このことは、責任というものが根源的には〈他者に対する責任〉であり、〈他者との関係〉に由来することを示しているといえるでしょう。もしもこの点についても私が完全に自由であろうとするなら、他者の存在を抹殺するしかない。他者からの呼びかけをいっさい聞きたくないとすると、他者が存在しないところに私は生きるしかないことになるんですね。（前掲書、二七頁）

私たちが社会に生きている限り、否が応でも〈他者との関係〉に巻き込まれます。その他者が、私たちに呼びかけてきたとき、それに応えるか否か、選択を迫られます。つまり、私に対する呼びかけがなされ、それに応答するか否かが迫られ、責任の内に置かれるようなとき、そうした呼びかけを発した存在こそが、「他者」なのです。そうであるとして、「人間と動物、動物と動物のあいだではどうなっているのか」という問いを、高橋氏は提起しています。

たとえば犬や猫の場合、あるいは犬や猫と人間のあいだにもそういうことが、呼びかけと応答がないのかどうか。あるのではないか。そういう問題もあるのですが、ここでは立ち入りません。（前掲書、二五―二六頁）

この問いを押し広げていくと、それは、石ころなどの無生物はどうか、未来の生態系はどうか、過去に起こってしまった出来事はどうか、長期間にわたって意識不明になっている人はどうか、死んでしまった人間はどうか、という問題でもあることがわかります。言い換えればこの問題は、「誰が／何が、私たちと共に生きる正当な資格を有するのか」という問題でもあるのです。なぜなら、「この社会で私たちが共に生きる」と言う際の「私たち」が、いかなる存在によって構成されていれば、正しい社会と言えるのかが問われるからです。ここにおいて私たちは、ここで言う「私たち」に含まれるのはいったい誰／何かを問わざるを得なくなるのです。

言い換えるとそれは、「この社会において、共に生きるメンバーとして認められ、配慮の対象となる範囲」をどう考えたらいいのか、という問題です。以下、この問いについて、さらに考察を加えていくことにしましょう。

## 社会の一員として受け入れるか否かという問題

さて、「この社会において、共に生きるメンバーとして認められ、配慮の対象となる」ということは、「倫理的な関係が取り結ばれる」ということでもあります。ここで、そうした配慮の対象となるのは、Ａという性質をもつ人に限られるというルールがあったとします。このＡには「白人」や「男性」、「異性愛者」、「理性や意識のある者」、「人類」など、さまざまな属性が当てはまります。

「Ａという性質をもつ人のみが、倫理的な関係を結べる社会」を、Ｓ（Ａ）と表すことにします。Ｓ（Ａ）とは、Ａという属性をもっていなければ、その社会のメンバーとはみなされないような社会のことです。言い換えれば、Ｓ（Ａ）においては、Ａという属性をもっている人だけが、この社会において共に生きるための配慮の対象となることができるのです。

このような社会Ｓ（Ａ）に、Ａという属性をもたないｂという人が、「私もメンバーに入れてほしい」と言ってきたとしましょう。これは、Ａという属性をもたなくても、その社会での倫理的な配慮の対象にしてほしいという要請があったということです。Ｓ（Ａ）は、論理的にはｂの要請を無視することはできません。なぜなら、ｂの要請を無視することは、Ｓ（Ａ）という社会の存立自体に矛盾が生じてしまうからです。矛盾する主張が存在する社会においては、論理的にはいかなる主張も、すべて真ということになってしまいます。[1]もちろん、実際には、ｂのような要請は無視されてしまうかもしれません。しかし、そうした態度は論理的でないのです。したがって、S（A）という社会は、bが発した要請に対して、受け入れるにせよ突き返すにせよ、何らかの対応をしなければならないわけです。

論理的にはbによる要請を無視し得ないとすれば、S（A）はこの要請を受け入れるか、却下するしかありません。そして、ここでも、S（A）は矛盾してはならないということがポイントになってくるのです。もしbの要請を受け入れるのであれば、S（A）の一員としてbを認めることになりますが、これじたいがS（A）の定義に反します。よって、S（A）においては、「Aという性質をもつ人のみが、倫理的関係を結べる」というルールを変更しなければなりません。bの要請を受け入れるということは、このようなことを意味します。それとは逆に、bの要請を却下するのであれば、bを排除しなければなりません。

ここでもし、S（A）に受け入れられなかったbが、「私のことを迎え入れないS（A）は不正である」と言って攻撃してきたのに対し、S（A）が応戦したとしても、それは正当な行為ではあり得ない、ということになります。一体どういうことでしょうか。以下、順を追って説明しましょう。

bの要請をS（A）が受け入れるなら、この社会はもう「Aという属性をもつ人のみが、共に生きられる社会」ではありません。他でもないbという存在が、その反例となっています。ですからこの場合、Aという属性をもとうがもつまいが、この社会のメンバーとして共に生きる関係を取り結ばざるを得ないことになります。

ただ、実際には、bの事例だけでは、この社会のルールを変更するのは難しいかもしれません。なぜなら、この段階でS（A）は、S（A－b）に変化しているかもしれないからです。つまり、そこでは、「Aという属性をもつ人のみが、倫理的関係を結べる。ただしbのみ、この定義から除外する」というルールになっているわけです。このルール変更によって社会が安定するなら、こうした微調整だけで終わってしまうかもしれません。

けれども、Aという属性をもたないb1、b2、……bnが、bと同じような要請をすれば、どうなるでしょうか。S（A－b1）、S（A－（b1＋b2））、……と反例が増えていき、n個の要請があることで、もう微調整では済まなくなるときが来るでしょう。そのとき、S（A）という社会のルールが変更されるのです。このようなモデルこそが、社会運動のいちばん基本的で原初的な理念形であると言えるでしょう。

それでは次に、bの要請をS（A）が受け入れない場合を検討してみましょう。S（A）に固執するなら、論理的にはbの要請を受け入れることはできません。というのも、先述のようにS（A）においては、「Aという属性をもつ人のみが、この社会において共に生きる配慮の対象である」ことになっているからです。したがって、Aという属性をもたないbは、S（A）においては「正当に」排除されるのです。ここでもしbが、「私をS（A）の一員として受け入れないこの社会は、正義にかなっていない」と主張したとしましょう。そして、この社会を倒そうと、攻撃を開始したとします。それに対してS（A）が反撃を加えた場合、S（A）の攻撃は、論理的には正当防衛とは言えない構造になっています。なぜでしょうか。

そもそもbは、S（A）において、共に生きるための配慮を受けるべきメンバーになり得ません。ですから、bはS（A）に対して、正当性を問うことができないのです。S（A）においてbは、すでに排除されているわけですから、bはS（A）において定められたルール内に入れてもらえません。繰り返しになりますが、このことはS（A）がbをその社会の正当なメンバーとして認めていない、ということです。つまり、S（A）のルールによってはbを対処することができない状態なのです。そのような理由から、bがS（A）に対して、S（A）のメンバーとして受け入れるよう攻撃してきたとしても、S（A）においては、不当行為であるとは言い得ないのです。bに対してS（A）は、攻撃を中止するよう要請することはできます。しかし、bがそれに応じるか否かは、bの判断次第です。

このことは、私たちがある種の行為を「テロリズム」と呼ぶことで、当該の行為を理解したつもりになってしまうことがいかに不適切であるかを示しています。ある社会において、当該の社会あるいは政府に打撃を与えようとして、ときにはみずからの生命を犠牲にした暴力行為のことを、私たちは通常テロリズムと呼んでいます。テロリズムが、生命を殺傷する暴力行為である以上、それを正しい行為であると言うつもりは毛頭ありません。しかし、そうした行為は、何の文脈もなく行われるものではありません。その多くは、みずからの存在を受け入れようとしない社会に対して行われるものであり、その不当性を告発しているのです。そして、テロリストに狙われた社会は、その理由を考えたりせず、「正義」のためにテロリストたちと戦うのです。つまり、テロリズムは不当であり、テロリストたちを排除し殺してもかまわないという理屈になっているのです。

しかし、すでに確認したように、こうした理屈それ自体が間違っています。そもそも、テロリストに狙われた社会は、テロリストであると名指された人たちを、その社会から排除し、しかもそれをルールに則った正当な行為であると見なしてきたわけです。つまり、テロリストとなった彼ら彼女らは、その社会で倫理的関係を取り結ぶことを拒絶されてきたのです。そのような社会が、「テロリズムという行為は不当である」と理解することそれ自体が間違っているのではないでしょうか。

### 社会から捨て置かれた存在が告発しなければならないのか?

この節ではここまで、「社会において誰/何と共に生きるのか、その対象となるべきメンバーシップの範囲」について考えてきました。そこで分かったのは、固定化された範囲設定を正当化することはできず、いかなるメンバーシップの定義も、恣意的に作られたものにすぎないということでした。

前項において、社会S(A)に対して抗議の声を上げたのは、Aという属性をもたないbという存在、言い換えれば、Ｓ（Ａ）からは排除されたｂという存在でした。そこで私が重視したのは、「ｂを社会Ｓ（Ａ）から排除するな」ということで、そのような要請をしたのがｂであるということは、さほど重視していませんでした。しかし、ｂが社会から排除されることで、さまざまな困難に直面するであろうことは、想像に難くありません。

その困難を解消するためのニーズを満たすことは、ｂにとって必要なことです。だからといって、「ｂ自身が苦しいのだから、本人がその苦しみを表明すべきである」とは言えません。ｂにとって自らのニーズを満たす必要があるということと、それを本人が表明しなければならないということは、同じことではないのです。誰よりもｂ自身が、満たされるべきニーズが何であるかを知っているとは言えても、それはけっして、当人がそれを言明しなければならない理由にはなりません。

これは、Ｓ（Ａ）という社会において、ｂではなくＡという属性をもつ人が、「ｂをこの社会に受け入れるべきだ」と発言したとしても、それを無視できないということを意味しています。なぜなら、Ｓ（Ａ）という社会がｂを排除するようそのルールを定めている以上、「ｂを排除するな」という言明は、ｂを排除する社会Ｓ（Ａ）と矛盾するからです。論理的に考えていけば、Ｓ（Ａ）のメンバーシップの要件について、誰が発言しようと、つまりｂであろうと、Ａという属性をもつ人であろうと、それは全く関係がないのです。

この観点に立つなら、それとわかるような言語で話すことができない知的障害者や、意識や感覚がないとされる患者がこの社会から捨て置かれている問題にも、答えを与えることができます。犬や猫などの動物、植物や生態系、未来世代の人間や環境、すでにこの世にいない者、石ころなどの無生物についても同様です。あるいは、自らの意思を表明することができる人であっても、社会の一員として認められず、排除され、抑圧を受けているうちに、「発言する」こと自体が選択肢から奪われてしまうことがあります。そうした場合、捨て置かれ、排除された当事者が告発しなかったとしても、他の誰かが代わりに告発することが可能です。しかし、それはまだ代理人としての告発の次元にとどまっています。ここからもう一歩進めて、「この私が、ある存在を捨て置くような社会は不正義だと考えるから告発する」ことによって、「代理として」言ってあげるという恩着せがましさから脱却できますし、なにより、「この私」が発言するわけですから、責任の所在がより明確になります。

「社会の中で共に生きようとする関係において、その対象となるべきメンバーシップの範囲」を前もって決めておくとすれば、かならずこうした問題が現れてきます。ある属性の有無によって、その社会において、共に生きる資格を有するメンバーを決めてしまうことには、このような問題がひそんでいるのです。

## 他者からの〈呼びかけ〉への〈応答〉

ここでは、本節冒頭で取り上げた高橋氏の「呼びかけと応答」について、より掘り下げてみたいと思います。高橋氏は『歴史／修正主義』（岩波書店、二〇〇一年）において、「物語りえぬものについては沈黙せねばならない」という態度を断固として拒否し、批判します。そして、次のように言います。「「物語りえぬもの」についても、沈黙する必要などない。「物語」に達しないつぶやきも、叫びも、ざわめきも、その他のさまざまな声も、沈黙さえもが「歴史の肉体」の一部である」と（前掲書、七四頁）。言語によっては語り得ないからといって、そのような誰か／何かとのあいだで「呼びかけと応答」が成り立たない、とは言えないのです。

高橋氏が「歴史の肉体」という言葉で表そうとする何者かこそ、私たちが共に生きなければならない「他者」なのではないでしょうか。それは、広い意味における「存在」であると、私は考えます。この「存在」には、言葉を発することのない人や動物だけでなく、いま、ここには存在しない未来世代や環境、生態系、さらには死者や過去の出来事、石ころまで含まれています。だから私は、「広い意味」という言い方をしたのです。

そうであるとしても、何を「存在」とし、何を「存在」としないかを、あらかじめ定めておくことはできません。ただ、呼びかけられたと感じたそのとき、そう感じた者のなかで、それが「存在」として立ち現れてくるのです。もしそこで、そのような「存在」と共に生きることを選ぶなら、それを「存在」であると認めず、社会のメンバーから排除するような勢力と闘う必要があるでしょう。それこそが、呼びかけに応答する責任であり、そこにこそ、共に生きようとする者の主体性が現れ出る。そう私は考えています。

私の考えでは、未来世代の人たちも社会のメンバーの一員です。今はまだ存在していなくても、いずれ生まれてくるそれらの人たちは、やがてこの世を去ることになる私たちが残していくこの地で生活するのです。もちろん、それらの人たちがどんなことを考えて生きていくのか、私にはわかりません。したがって、その人たちの気持ちや心情を、その人たちに代わって訴えることなどできません。ただ、私たちがこの地球を汚し切ってしまい、それが理由で未来世代の人たちが生活できなくなるのであれば、私たちは未来世代の人たちの生存権を奪っていることになります。そのように考えられれば、未来世代の人たちが、現に存在するかのように、私たちの眼前に立ち現れてきたとしても、おかしくはありません。もちろん、そのような人たちがリアリティをもって立ち現れてくるとは思えないという方も少なくないでしょう。未来世代に対する配慮など必要もないし、そうした人たちに対する責任もない。そう言われるかもしれません。ここでの争点を整理すれば、「未来世代の人たちの生存権が保障されることは、正義にかなっているか否か」ということになるでしょう。この点をめぐって、どうしても両者が相容れなければ、そこが正義の臨界点ということになります。

　それでは、この社会は現実にはどうなっているのでしょうか。識者を含め、少なからぬ人が将来世代に配慮すると言ってはいますが、このままでは化石エネルギーが早晩、枯渇してしまうのは間違いありません。[2]しかも私たちは、エネルギーを大量に消費するこの社会のあり方を、なかなか変えられずにいます。ということは、私たちが、未来世代の生存権を緩慢ながらも奪っているということになります。だからこそ私は、この社会は不正義であると訴えているわけです。別言すれば、未来世代の人たちを、社会のメンバーとして考慮に入れないこの社会は不正義であると、この私が考えるから、そう訴えているのです。これが、未来世代の人たちの〈呼びかけ〉を聞いた私の〈応答責任〉であり、そこにこそ、「この社会において、私たちが共に生きようとすべく切り結ばれる関係性」が、すなわち、倫理的な関係が立ち現れてくる、そう私は考えています。

### 論理的であることの重要性

本節では、「共に豊かに生きるべき他者とは誰／何なのか」をめぐって考えてきました。そこでの議論によって、メンバーシップを定めるいかなる境界線も恣意性を免れず、「Xという属性をもつ人を、この社会のメンバーとする」という仕方での画定は正当化し得ない、という結論を得ることができました。

この節においてもっとも重要なのは、論理的に考えるということです。それによって、ある人（びと）をメンバーとして認めず、最初から排除しているにもかかわらず、そんなことはしていないと、事実に反することを言い募るのを「禁じ手」にできるのです。

誰と「共に生きる」かを決定する境界線の画定には、突き詰めれば根拠がないということ。それはけっして悲観すべきことではありません。なぜなら、境界線を正当化し得ないということそれ自体が、現在、私たちを覆っている「生を価値づける境界線」を打ち破り、未来を切り拓く可能性なのですから。

注

1——一般に矛盾、すなわち「真偽を決定するある主張Xに対して、Xかつ「Xでない（「X）」が成り立つような状態」であれば、真偽を決定する任意の主張Yは真であることが証明できます。

いま、右の言明が成り立つような主張Xを考えます。すると、Xかつ「Xが成り立ちます。すると、任意の主張Yに対して、（Xかつ「X）またはYも成り立ちます。

よって、（XまたはY）かつ（「XまたはY）も成り立ちます。したがって、XまたはYも、「XまたはYも同時に成り立ちます。

ところで、XまたはYは、「XならばYとも言い換えられます。なぜなら、XまたはYが成り立つ状態で、「Xが成り立つならば、Yが成り立つ以外にないからです。

同じように、「XまたはYは、XならばYとも言い換えられます。

したがって、XならばYと、「XならばYが同時に成り立ちます。すると、（Xかつ「X）ならばYも成り立たざるを得ないことになります。

仮定より、Xかつ「Xは成り立つのですから、Yという主張も成り立つことになります。

よって、矛盾した状態においては、真偽が決定できるいかなる主張も真であることが導けるのです。このことは、排中律を認める社会においては当然の結論です。

2——化石エネルギーの枯渇問題は、アメリカの中東政策も大きく絡み、深刻な状況です。リンダ・マクウェイグ『ピーク・オイル——石油争乱と21世紀経済の行方』（作品社、二〇〇五年）、ジェレミー・レゲット『ピーク・オイル・パニック——迫る石油危機と代替エネルギーの可能性』（作品社、二〇〇六年）を参照のこと。

## 3 「共に」生きるということ

### 「共倒れ」を助長するこの社会

唐突ではありますが、以下の新聞記事の引用をご覧ください。[1]

負担急増　消えた未来　父と養護学校の娘二人心中　滋賀・甲良

滋賀県甲良町池寺の西明寺近くの駐車場で四日夜、止めてあった乗用車から三人の遺体が見つかった。父親（四三）と、いずれも養護学校に通う長女（一四）と二女（一〇）。死因は練炭による一酸化炭素中毒で、無理心中とみられる。母親は三年前に他界し、父親は在宅支援サービスを利用しながら、一人でまな娘を懸命に育てていた。その生活を一転させたのは、四月に施行された障害者自立支援法。過重な負担が父の背中にのしかかった。（「中日新聞」二〇〇六年一二月六日）

記事によると、心中の直接の原因として、「ヘルパー利用は、本人負担がこれまでの月千円程度から約六千円に増加。今年八月に受けた短期入所費も、千円程度だったのが二万円に膨れあがった」ことが挙げられています。それだけでなく、「娘の今後も悩みの種だった。寄宿舎が二年後に廃止されることになり、二人を自宅から通わせるか、障害が重い二女を寄宿舎のある学校に転校させるか、学校に相談していた」ようです。つまり、障害者自立支援法によって、生活がいっそう困窮しただけでなく、障害をもつ二人の娘の将来を悲観して心中に及んだのだと言えるでしょう。

ここで私は、この父親を殺人者として責めたいのではありません。しかしながら、父親の思いに同情し、二人の娘を殺したのは仕方がなかったとする主張にも与《くみ》しません。父親も自殺していますが、娘を殺した事実に変わりはありませんし、その殺人行為は許されるものではありません。二人の娘は、この父親に殺されたのです。まずこの事実を直視しなければなりません。

この父親はなぜ、二人の娘を殺してしまったのでしょうか。自分の命も絶ってしまったわけですから、二人の娘に対する申し訳なさや罪悪感はあったはずです。娘二人を愛していた[2]からこそ、そして、娘たちの十全な生存がこの社会では保障されていないと感づいていたからこそ、みずからの手で殺《あや》めるより他ない、と思ってしまったのではないでしょうか。だからといって私は、障害をもつ二人の娘を殺してしまった父親の行為が許されてよいとは、まったく思いません。他方で、この父親だけが責められるべきであるとも思いません。

なぜ、こうした痛ましい事件が起きてしまうのでしょうか。その背景には、障害者がこの社会で抱える〈生きづらさ〉の問題を、社会制度に起因するものと見なさず、家族の問題へとすり替えてしまう、この社会の〈犠牲〉の構造があります。本来なら社会の問題であるのに、個人の問題へと矮小化することによって、〈生きづらさ〉を抱える人たちを犠牲にしてしまっているのです。

このように問題を矮小化することによって、問わなくてはならない問題の範囲を、当事者たちの振る舞い方や動機へと狭めてしまうことができます。しかし、問題の構造は何も変わっていませんから、事件を起こした父親が、二人の娘を殺したりせず、生活を続けていったとしても、いずれは何らかのかたちで破綻が訪れるのは目に見えています。

当人たちの問題にしてしまえば、その場にいない人たちは何も関係がないことになってしまいます。だからこそ、できるだけ問題を矮小化したくなるのです。しかし、それは「共に生きる」社会を目指す態度ではありません。問題の範囲が狭められるということは、当事者たちの生き方の幅も狭められるということです。

そのことを示すために、有給休暇という制度を例にとって考えてみましょう。この制度は、労働者の当然の権利であると私は考えています。有給休暇ですから、休みを取っている期間にも、いくばくかの対価が支払われることになります。このことをどう考えたらいいでしょうか。有給休暇を取得した人が休んでいるあいだ、他の人たちがその人の仕事を分担したりして、肩代わりしていると考えることができそうです。つまり、ある人が休暇を取得したことで生じる仕事上の

「穴」を、その会社の人たちが分担して「埋め合わせる」という制度が、有給休暇なのではないでしょうか。この制度がなかったら、いっそう休みが取りづらくなるはずです。このことからもわかるように、一人ひとりに任せているよりも、協同で対応したほうが、幅が広がるのです。もしそれがなければ、私たちの生き方の幅は、もっと狭められてしまうでしょう。そうした社会は「共に生きる社会」ではなく、私たちに犠牲を強いる「共倒れ」の社会なのです。

本節で紹介したような痛ましい事件は、現在に至るまで、幾度も起き続けています。本来なら社会の問題であるのに、当事者だけの問題にされてきたのです。より具体的に言えば、すぐ後で述べるように、福祉制度の改悪がなされてきたわけです。その結果、障害をもつ人たち、そのような人と共に生きる人たちは、「共倒れ」を強いられることになるのです。しかも、より厳しい状況にある人たちから、「共倒れ」になっていくことは言うまでもありません。

## 共依存による「共倒れ」を引き起こすこの社会

先に私は、「福祉制度の改悪」ということを言いました。福祉サービスを利用した際の対価は、障害者自立支援法に「改悪」されるまでは、その人の所得に応じて支払えばよかったのが、利用したサービスの分だけ支払わなくてはならなくなったのです。つまり、以前よりも個人負担分が増えたのです。

障害者世帯が低所得状態に捨て置かれているなかで[3]、たとえ月額一万円でも負担が増せば、それだけで死活問題になると言っても過言ではありません。言い換えれば、法が「改悪」されることで、生存権が脅かされているにもかかわらず、サービス受給者の負担増という、個人の問題へと矮小化されてしまい、「共倒れ」に至るまで当事者たちは追いつめられているのです。

ＤＶ（ドメスティック・バイオレンス）や親子間の暴力も、こうした視点からとらえ直すことで、心理学的な分析とは異なる見方が可能になります。相手が物理的な、あるいは言葉による暴力を振るうのに、そのような相手から離れられないというケースが少なくありません。そして、共依存になっていることがその一因であるとする見方が一般的です。共依存について、ここでは「他者との関係性において、支配によるそれと愛情によるそれを混同してしまい、そこから逃れがたくなる状態」と定義しておきます。より具体的に言えば、一方が他方を縛りつけることで自分に関心を向けさせようとし、相手もそれに応じるうちに、そうした関係性に縛られていることを自ら欲するようになるのです。それは愛情に基づく関係と似ています。もし愛情から独占欲をうまく切り離せなければ、相手のことを思えば思うほど、支配欲が強まっていきます。そして共依存にはまってしまうと、時として、どちらが支配し、どちらが支配されているのかもわからない状態になってしまうのです。

ここで私が注目したいのは、共依存的な関係においては、夫婦や恋人同士、親子など二者関係であることが多く、関係性がそこで完結しているということです。このため、二人の関係がどうなっているのか、周囲にはわかりづらいのです。そして、周りが気づいたときには、相当深刻な状況になっているということも、少なくないはずです。

共依存をめぐるこうした状況を、心理的な病理としてことさらに問題化するこの社会にこそ問題があると私は考えています。もちろん、脳の器質的な問題や、それまでその人が育ってきた家庭環境の問題も無関係とは言えないかもしれません。しかし、この社会が「共倒れ」を助長しているならば――私はそう考えますが――、この社会が問題を矮小化することによって、「これは当人（たち）の問題である」という意識が植えつけられ、共依存の傾向が強められているのではないでしょうか。

もちろん、困っているとき、弱っているときに、誰かに何かをお願いしたり頼ったりすることを妨げてはなりませんし、誰かにSOSを発信すること自体はけっして悪いことではありません。私自身はそうした行為に、積極的な意義すら認めています。〈生きづらさ〉をひとりで抱え込む必要などないからです。他方で、ある特定の相手と閉じた関係性が形づくられ、そこでのみ〈生きづらさ〉が共有されるような場合、「共倒れ」の危険性が出てきます。というのも、弱っている相手、支えが必要な相手を支えたくても支えきれなくなった場合、もはやそれは「共に生きる」状態ではなく、「共倒れ」と呼ぶにふさわしい状態だからです。

誰かに依存したくなるのは、その人が〈生きづらさ〉を抱えていて、尊厳をもって自らの生を守れなくなっているからです。こうした問題があると、この社会は「誰か特定の人からの愛情」によって解決させようとします。こうして、頼られた人は相手のことを支援しようと思い、こんどは「支援すること」によって、自分が人から必要とされているという欲望を満たそうとするようになります。そこまで行くと、そこに「邪魔」が入ってはいけないわけです。こうして、共依存的な関係性が作られることになります。

つまり、この社会は、私たちの生存を保障する代わりに、家族など親密な関係にある人びとの愛情によってサポートするよう促すわけです。こうして生存の保障は、社会保障の問題ではなく、家族や近親者の問題へとすり替えられてしまうのです。このような社会であるからこそ、私たちの生存や尊厳を支えるということが、ことさら心理的な問題であるとされてしまうのだと考えられます。

こうして、〈生きづらさ〉の問題を心理的な問題へと還元してしまうこの社会では、親密で閉じた関係における「頼り合い」や「承認し合い」によってこの問題を解決すべきだとする風潮が支配的になっていくのです。そして、このような社会においては、当事者のみならず、カウンセラーですら、こうした構造に気づきにくくさせられているのです。

Xという条件を満たしていなければ生きる価値などないと思わせるような構造や価値観がこの社会に存在しているからこそ、共依存による「共倒れ」が起こってしまうのだと私は考えています。実際、ごく一握りの人で支えようとしても、経済力にも体力にも限界があります。ですから私は、共依存による「共倒れ」を防ぐには、家族や近親者だけに責任を負わせてはならないと考えています。誰もが無条件に生きてよいというメッセージを社会が発し、それを可能にするような制度を整えることが、より根本的な解決法であろうと思うのです。

ひとことだけ付け加えておくと、私はカウンセリングを否定しているわけではありません。ただ、本来なら社会の問題として解決すべきことを、カウンセラーが引き受けさせられていると思うのです。もちろん、社会の問題がすべて解決したとしても、カウンセリングでなければ対応できない問題は残るに違いありません。しかしそれは、いまカウンセリングを受けている人たちが抱えている問題とは質が違ってくるはずです。

あるいは、次のように述べることもできるでしょう。私たちが抱える〈生きづらさ〉は、どれだけそれが個人的なものであっても、この社会において他者とかかわりながら生きることで生み出されます。だからこそ、〈生きづらさ〉を抱えた人は、誰ともかかわらずに自室にひきこもったり、みずからの命を絶とうとしたりするのです。というのも、外に出たところで、自らの存在を否定する言説にあふれているわけですから。そう考えると、カウンセリングや精神医学が、社会運動や社会変革を志向する側面をもっていたとしても、何ら不思議ではありません。[4]

## 「現場」に直接かかわることについて

ここでは、「共に生きる」ことについて、見方を少し変えて考えてみたいと思います。「共に生きる」と言うと、いかにも窮屈な印象を受ける方がいるかもしれません。ケンカもできるような間柄になることが、「共に生きる」ことであると理解する向きもあるようです。しかし、果たして本当にそうなのでしょうか。

まず、事実として、私たちがこの世に生まれ、生きられる期間には限度がありますから、ケンカもできるような相手とめぐり合えるとしても、その機会には限りがあります。たしかに、そのような間柄になれれば、お互いによく理解できる可能性は高まるに違いありません。ですから、そのような出会いを妨げるあらゆる社会制度や、そのような制度をもたらし、再生産するような価値観を認めるわけにはいきません。それらは、「共に生きる」ことを阻むものです。しかし、じっさいに出会うことがなければ、この社会で「共に生きる」ことは不可能なのでしょうか？ ケンカをするぐらいのつき合いにならなければ、「共に生きる」と言ってはいけないのでしょうか？ もちろん、それも「共に生きる」ことの一つのあり方です。しかし、それだけが「共に生きる」ことだと言ってしまうとすれば、私はその見解に与することはできません。

直接かかわりのある者同士が手を取り合い、支え合うことを否定するつもりは毛頭ありません。むしろそれがなければ、支援の「現場」は成立しません。たとえば、重度の障害をもっていても、施設や親元ではなく、地域のなかでアパートを借りて、介護者の手を借りながら生活する形態を「自立生活」と言ったりします。この自立生活という「現場」においては、直接かかわる介護者のほか、介護者同士の顔の見えるネットワークを作っておくことが大切です。現場にかかわる人を、できる限り増やしていくこともまた、非常に重要です。でなければ、一部の人に負担が集中してしまい、現場が立ち行かなくなってしまうからです。そうした事態に陥るのを回避し、支援に携わる人びとの範囲を広げるには、現場にかかわる人たちが増えなければなりません。

しかし、この社会の大半の人びとにとって、自分の時間を割いて支援の現場に赴くのはそう容易なことではありません。自分の時間は、自らの生活を守るために働いたり、自分の趣味のために使いたいと思うのが人情です。それらの時間を割いてまで、支援の現場に直接かかわる必要はないと私は思います。自分の時間は自分のために使いたいという気持ちを押し殺してまで現場にかかわらなければならないとすれば、それはもう「共生の社会」ではなく「強制の社会」であり、悪い冗談です。

そのような考えは、支援が特別なものであるという印象を人に与えてしまいます。じっさい、そのような混同が現場で起きてきました。そのことを現場で指摘するのは簡単ですし、私もまたそのような指摘をしてきました。しかし、それとは別に、間違った主張をせざるを得ない現場のことも考えなくてはならないと思うのです。現場はなぜ、そうした誤った主張をしてしまうのでしょうか。その背景には、現場にばかり支援を押しつけてきた社会制度が、ひいては私たちの無関心があると私は考えています。現場にばかり支援を押しつけてきたからこそ、現場もそのことを前提にしてしまい、直接現場にかかわらなければ支援をしていることにはならない、と思うようになってしまったのです。

もちろん、支援の現場にかかわらなければ見えてこない問題もあります。なにより、人手不足に悩む支援の現場では、少しでも人が来てくれるなら、論理的には間違った言い方であっても、それを言わずにおれないほど追いつめられているという現実を理解する必要があります。だからこそ、そうした主張の誤りを指摘する際には、支援を現場に押しつけて済ませているこの社会にこそ問題の本質があるということを、合わせて指摘しなければなりません。と同時に、支援の現場にかかわらなければ見えてこない問題があるということと、どんな人であれ支援の現場に直接かかわるべきであるということは、まったく別のことだということも踏まえておかなくてはなりません。

「どんな人であれ支援の現場に直接かかわるべきである」という主張は、私が知る障害者運動においても展開されてきましたし、現在でも見聞きすることがあります。他の現場でも同じかもしれませんが、こと障害者支援の現場においては、「直接かかわらない、かかわりたくない者は差別者である」といったことが説得力をもって言われることがあります。たしかに、人手不足は深刻な問題です。しかしながら、現場にかかわらないことと、支援を必要とする人を差別することとは、まったく別のことです。自分の時間は、基本的には自分が好きなように使ってよいはずで、それだけで差別者であると言うのは、さすがに間違っていると思うのです。どんな人であれ、支援することから逃れられないわけですから、直接かかわっていない人たちにも支援の枠に加われるように、たとえば、そうした人たちから税金を微収して現場にまわすといった施策が必要です。いま私は、「どんな人であれ、支援することから逃れられない」という言い方をしました。一体どういうことでしょうか。

現場にかかわっていなくても、この社会の一員であれば、どんな人であれ、〈生きづらさ〉を抱えている人を支える義務から逃れることは絶対にできないのです。もちろん、どれだけできるかは個人差がありますが、誰もが十全に生きる権利を有しているなら——私はそう考えますが——、現在なんらかの理由で〈生きづらさ〉を抱えている人たちについても、十全に生きる権利が保障されてしかるべきです。だとすれば、その実現は、権利の対照概念である義務となります。したがって、この社会を構成する人であれば、どんな人であれ、その義務を負うというのが、本節で主張したいことなのです。

そして、支援の現場において、気をつけてもらいたいことが一つあります。直接支援にかかわる場合、支援者どうしで和気あいあいとする必要はまったくありません。そのような雰囲気は、非常に心地よく感じられるかもしれませんが、身内だけで仲良くするような雰囲気は、これから支援にかかわろうとする人にとって、排他的な空間として感じられるものです。支援の現場に身を置く人は、そのことに自覚的である必要があるでしょう。支援者どうしで仲良くすることは悪いことではありませんが、支援の現場以外でもできるはずです。支援者どうしが、まるで友人同士のように振る舞うことによって、支援の現場を閉じたものにしてしまう可能性があるのです。そうした意味において、支援者どうしが仲良くすることは必要条件ではないと言えるでしょう。

## 誰もが支援にかかわれる社会へ

ここまで読み進められた方のなかには、本節の議論がわかりづらいと感じた人もおられるかもしれませんので、最後にこれまでの議論を整理しておきたいと思います。

本節で最も主張したかったのは、「共に生きる」ことと「共倒れになる」ことは、まったく違うということです。そして、私たちの社会が前者を目指すのであれば、全ての人が何らかのかたちで支援にかかわれるように、その「枠」を押し広げていくことが最も大切だということです。既存の制度を活用したり、改革したりすることは、その試みそのものです。その対極をなすのが、本節で取り上げた共依存の問題でした。

「共に生きる」ことを目指す上で、社会制度の問題は絶対にはずせません。言い換えればそれは、「共に生きる」ということを、個人の思いにかかわるものとしてではなく、権利義務の問題として、社会全体が責任を負うべきものとして捉えなければならないということです。したがって、いかなる人であれ、その責任から逃れることはできません。このように、誰もが支援にかかわれるようにすればするほど、その負担が一極に集中し、「共倒れ」しかないように仕向けられることが減っていくのです。現実に行われている支援の枠組みにしても、その枠を広げるような発想をすることで、一見、「共倒れ」しかないような現場の状況を改善するためのアイデアが浮かんでくるはずです。

そのことによって、多様な義務の果たし方がいっそう可能になるはずです。支援の現場に直接かかわるしかないということは、直接かかわっていない人たちが、支援の義務を負わなくても済むようにしているということです。もちろん、事情があって直接かかわることができない人もいれば、直接かかわることに不向きな人もいることでしょう。そうした人たちを無理やり現場で直接かかわらせるということは、現場にとっても負担になります。もちろん、現場にかかわっていないからといって、それを差別的だと言うことはできません。むしろ、そういう人たちが、支援の義務を負わずに済むようになっているこの社会の構造こそが、差別的だと私は考えています。

注

1――以下のブログ記事で、この新聞記事は読めます。
「自立支援法また犠牲者：父と養護学校の娘2人心中　滋賀・甲良」
http://ameblo.jp/fukushiradio/entry-10021941502.html

2――「血縁関係の有無にかかわらず、親であること」が、「子に愛情を注ぐ義務がある」ことを帰結するわけでないことは記されてよいことでしょう。家庭内での児童虐待も、こうした規範にとらわれるからこそ、かえって起きてしまうのではないかと、私は危惧しています。「愛情を注がれる」ということが、人間の成長において、いかなる意味があるのかについては、根本的な問い直しが必要な重要な課題でしょう。これに関連して私は、「誰か／何かに愛情を注ぐ」こととは関係なく、「誰か／何かの生存を保障する」べきだと考えています。こうした場合に、親族関係における扶養の義務が持ちだされることがありますが、それも筋が通らない話です。この観点から私は、民法に規定されている生活保持義務や生活扶助義務も、まったく根拠がないと考えています。

3――多くの障害者が労働市場から排除されているため、また、多くの世帯では要介助者がいれば同じ世帯員がケアを担わざるを得ないため、こうした状況は容易に予想されます。次の二つの記事は、このことを数字で示しています。

「福祉作業所など就労支援を中心とした福祉サービスを利用している障害者の約99％が、障害手当などの公的支援を含めても年収200万円以下の「ワーキングプア」と呼ばれる生活水準にとどまっている」(「〈就労障害者〉公的支援含めても年収200万円以下99％」

http://www.f-welfare.net/fukushi/news/2012/11/45525/)

「世帯収入では、100万円未満が20・9％▽100万〜200万円が16・8％▽200万〜300万円が17・5％と、300万円未満が過半数を占め、500万〜600万円は5・1％だった」(「障害者世帯：年収300万円未満、55％ 過半数が低い水準――県調査／奈良」

http://www.f-welfare.net/fukushi/news/2010/05/21690/)

4――宮地尚子氏もまた、同じような問いを引き受けています。「たしかに精神医学は、精神障害などのレッテル貼りと隔離政策をとおして、マイノリティが生き難くなるような社会をつくるのに大きく貢献してきた。心理的アプローチが社会変革のアリバイづくりに利用される危険性もあるだろう。けれどメンタルヘルスは本来、人がその人らしく生きていくこと、口幅ったい言葉で言えば「幸福であること」と直結している」(宮地尚子『トラウマの医療人類学』みすず書房、二〇〇五年、三四一頁)。メンタルヘルスについて宮地氏は、「社会適応を重視し、健康至上主義的で、マイノリティの異議申し立ての動きとは本質的に肌の合わない部分がある」としながらも、「何が幸福なのかはマイノリティが決める」、「マイノリティは研究の対象ではなく主体である」と述べ、なおすことではなく生き延びることを目的とする、マイノリティによるメンタルヘルスの「利用」を説いています(前掲書、三四一頁)。「幸福」とは何か、マイノリティの「主体化」とは何かについては、本書でも議論しますが、基本的には宮地氏のこの路線で精神医学を変えていくのがよいと私も考えています。

## 4 「豊かさ」とは何か

## 「豊かに生きる」ということ

これまで私は、「共に豊かに生きるべき他者とは誰／何なのか」について議論し、いかなるメンバーシップの画定も恣意性を免れ得ないことを指摘しました。その上で、この社会が「共に生きる」ことを目指すのであれば、支援の現場であり、それを支える枠組みでもあり、私たちの思考の枠組みでもあるような「枠」を押し広げる必要があり、それには社会制度の活用・改革が欠かせないということも述べておきました。その際、「共に生きる」ということは権利義務の問題であり、どんな人でもその責任を負っていると指摘したのでした。

しかし、「豊かに生きる」とはどういうことかについては、十分な議論ができずにいました。そこでここでは、この点について考察を深めていきたいと思います。それにはまず、「豊かさ」について私がどう考えているのか、説明をしなければなりません。

「豊かさ」という言葉で私たちがイメージするのは、経済的・物質的な「豊かさ」ではないでしょうか。モノやお金は、あればあるほど豊かになるという考え方です。それに対して、「豊かさ」を追求すればするほど、競争に駆り立てられ、心の「豊かさ」を失ってしまうということが、繰り返し言われてきました。一見すると、この二つの見方は対立関係にあるように思われるかもしれません。しかし、それは違います。私たちは物質的な基盤がなければ、生命を保つことができません。他方で、経済的な繁栄が、他者の犠牲の上に成り立っているのであれば——私はそうした面が多々あると考えています――、そのような社会において私たちの心は荒廃していくといった主張も理解できます。

だからといって私は、いずれか一方が成り立てば、他方が成り立たなくなるということを言いたいわけではありません。私が言いたいのは、資産をもっているという意味での「豊かさ」と、心が満たされるという意味での「豊かさ」を「両立」させるためにも、これを自己責任の問題に回収してはならないということなのです。前著『生を肯定する倫理へ』において私は、アマルティア・センの議論を紹介しながら、この二つの「豊かさ」を架橋しようと試みました（同書、八二－八四頁）。ここで私は、「センは、自らが価値あると思った生き方を誰もが実質的に平等に選択できる社会を正義にかなった社会だと考えていると理解できる」（前掲書、八四頁）と述べています。ここで言う「正義にかなった社会」こそが、私の考える「豊かさ」が実現された社会なのです。

そして、これまでの議論から、『生を肯定する倫理へ』では中心的に扱えなかった主題が浮かび上がってきます。「世代間倫理」と呼ばれる問題です。「自らが価値あると思った生き方を誰もが実質的に平等に選択できる社会」が実現したとしても、何十年後かにはそうでなくなってしまうとすれば、その時点でその社会は「正義にかなった社会」とは言えません。何十年後かの社会にツケをまわし、未来世代を犠牲にするような社会は、「正義にかなった社会」ではないのです。そして、そのような社会において、「豊かさ」は実現し得ないと私は考えます。

ここで私が批判的に扱いたい主題は、「経済成長」です。社会の「豊かさ」は、経済成長によって実現できるという見方は一面的に過ぎず、場合によっては暴力的なものにすらなり得るということを考えていきたいと思います。そのような議論を通じて、「豊かさ」とは何かについて考えを深めていきたいのです。

## 経済学と功利主義

少し遠回りになってしまうかもしれませんが、ここではまず、経済学と功利主義が、それぞれいかなる人間観をもち、「豊かさ」をどう捉えているかを検討しておきたいと思います。それによって、いかなる問題が内包されているのかが明らかになるはずです。

経済学者の岩田規久男氏は、「経済学はある人の行動原理や組織・制度の存在理由を、利益の最大化に求める。この方法を追求していくと、社会の倫理とか道徳もまた、利益の最大化を追求する人びとの行動の中から生まれたものとしてとらえられる」と述べています（岩田規久男『経済学を学ぶ』ちくま新書、一九九四年、二八－二九頁）。言い換えれば、「人間とは利益を目的としてその行動を決定する」ものであるというのが、経済学における人間観なのです。したがって、「ある人がある行動をとったのは、そのように行動することがその人の利益にかなっていたからだと考える。そして社会は、利益に結びつく行動を倫理的にも望ましい行動であると評価するようになると考える」（前掲書、二九頁）と岩田氏は述べています。

こうした見方は、選好の強弱を判断基準とする現代の功利主義（選好功利主義）による人間の捉え方と同じです。実際、選好功利主義を支持するピーター・シンガーは、誰の利益も特別視してはならないと考えてはいるものの、「関係者の利益を最大なものにしそうなコースの行為」を倫理的な行為であるとしています（ピーター・シンガー『実践の倫理［新版］』昭和堂、一九九九年、一五頁）。以上のことからわかるように、ここでは、利益を上げることはその人のみならず、社会にとってもよきことであり、倫理的な行為であると捉えられているのです。

経済学における「豊かさ」は、一人ひとりの人間がどれだけ満足を感じたか、によって測られます。その際の基準となるのが、「効用（満足の度合いを数量的に表したもの）」です。経済学が研究をしているのは、社会の構成員の満足度を上げるにはどうすればいいのか、ということです。経済学によって測られた「豊かさ」は、どれだけの幸福が得られたかをそのまま表してはいません。しばしば指摘されることですが、現代社会においては、数々のサービスや商品を供給する側が私たちの需要を喚起している側面があります。

ジャーナリストの川本敏郎氏は、現代社会を「高密度消費社会」であると位置づけ、その特徴として「効率性の優先」、「身体性の軽視」、「過程のブラックボックス化」、「「個」の肥大化」、「記号の消費」を挙げています（川本敏郎『簡単便利の現代史――高密度消費・情報社会の行方』現代書館、二〇〇五年、三八－四三頁）[1]。たとえば私たちは、生産性を上げるために、より効率的なやり方を追求する傾向があります。そのことによって、利益を得たり、効用を上げたりしています。そうした行動はすべて間違っていると断じるつもりは私にはありません。[2]

しかしながら、この社会がいかなる志向性をもっているかを視野に入れないまま、需要を満たして効用を上げるのが望ましい行為であるとしてしまったり、その効用が平等に行き渡るのが望ましい社会であるとしてしまったら、前提となるこの社会のあり方を問わないまま、そうした言明を行っていることになります。私の考えでは、この社会は、効率を上げることで利益を上げるよう、私たちをつねに刺激していますが、ここではそうしたことが不問に付されているのです。

功利主義者は、誰の、あるいは何の効用かを問わないまま、平等について考えようとします。言い換えれば功利主義は、いかなる存在の効用であっても、特別扱いしたりせず、同じものとして取り扱います。つまり、一人ひとりの、あるいは一つひとつの属性を無視してしまうのです。そのため、この思想は、そのような属性に基づく差別を、明示的あるいは暗黙の裡に認めてしまうような社会を批判することができません。利益や利潤が大きくなるような政策、すなわち経済成長至上主義的な政策と親和的なのは、このためなのです。

経済学者の岡田靖氏は、「60年に高度経済成長が始まって70年になると、前にどれだけ貧乏だったか、ほとんどの人が覚えていない」と述べています（芹沢一也、荻上チキ編『経済成長って何で必要なんだろう？』光文社、二〇〇九年、九五－九六頁）。この議論が前提とするのは、六〇年代は貧しかったが、高度経済成長を経た七〇年には、経済的な困窮から脱け出せていたという史的認識です。しかし、これは事実の一面しか言い当てていません。たしかに七〇年には経済的な困窮から多くの人が解放されていたにしても、障害者や難病患者など社会から捨て置かれたマイノリティは、依然として困窮状態のままでした。この事実を踏まえれば、岡田氏のように「現実の世の中では、高度経済成長がはじまって、社会主義経済に比べて市場経済の優越性がはっきりしてくる」(前掲書、九六頁)とは言えないはずです。どのような経済体制であろうと、切り捨てられても仕方のない命があるという考え方をそれが内包しているのであれば、その体制は間違っています。

経済成長に対して批判が加えられる理由として、岡田氏は「何でも金で解決しようとすること」にあると考えているようです(前掲書、九四 - 一〇一頁)。たしかにそうした批判は「左派」側からなされてきました。私自身は、経済によって解決すべきことであれば、そうすべきだと考えています。しかし、いくら経済成長の利点を述べられても、それが命の線引きをもたらし、何らかの犠牲を前提にし、また再生産するのであれば、決してそれを認めることはできません。岡田氏はこの書で、公害や人間の実存の問題についても触れ、それらは経済によって根本的に解決することはできないが、「公害は規制や補助金、あるいは課徴金で対処できるし、個人の実存の問題はどうしたって社会には解決できない」と述べています。「こういうふうに割り切れるかどうかで、エコノミストになれるかどうかが決まる」というのが、岡田氏の考えのようです(前掲書、九九頁)。しかし岡田氏のように、経済によって解決できるか否かを判断基準とするのは、事実の問題を価値の問題と取り違えています。

たとえば、介護が必要な人に対して、いかにして介護サービスを保障するかという問題は、事実として経済の問題です。しかしながら、介護が必要なすべての人が、この社会において尊厳をもって生きられるべきかどうか、そのような社会が正しい社会かどうかは、価値の問題です。岡田氏のような考えが経済学の主流であるならば、経済学は価値の問題に踏み込んでいるにもかかわらず、価値中立を装い、事実の問題を扱っているかのように見せかけているのではないでしょうか。事実としてできるか否かということと、価値の問題としてそうすべきか否かを混同しつつ、岡田氏のように「割り切り」によって社会の問題を考えようとするのであれば、それは詐欺的であると言えるでしょう。真に問われるべきは、「お金で解決できるか否か」ではなく、「お金で解決できるか否かにかかわらず、いのちを犠牲にするのかしないのか」ではないでしょうか。

もちろん、世のなかの財、すなわちパイをある程度まで大きくすることは、生きるために必要なことでしょう。そうであるとしても、それと同時に再分配が行われなければ、パイは一部の人に集中してしまうのです。「パイを大きくすべきである」という議論と、「そのパイを受け取る権利は誰にあるのか」という議論は、分けて考えられるべきなのです。パイを受け取る権利は、パイの生産者にあるという主張は、正当化できません。なぜ、そう言い得るのでしょうか。社会学者の立岩真也氏は、『私的所有論　第2版』（生活書院、二〇一三年）において、大要、次のようなことを言っています。すなわち、私たちが生きるこの社会は、能力の多寡によって人間の価値が決められるような社会であり、より多く生産できた人間が、その生産物を優先的にわが物とする権利を有している、と。こうした社会にあって、障害者や難病患者といった、独力ではごくわずかな生産しか期待できないような人たちの生存権はおろそかにされがちです。別言すれば、「パイを受け取る権利は、パイの生産者にある」という言明が正当化された途端、障害者や難病患者といった、思うように働けない人たちの生存権は侵害されてしまうのです。しかし、どのようないのちの犠牲も許されません。少なくとも私はそう考えています。したがって、パイを拡大するためにはある程度の犠牲もやむを得ないという仕方での犠牲の正当化は認められないのです。

## 経済成長至上主義を拒否する「豊かさ」とは?

これまで私は、経済成長至上主義や功利主義には、目的のためには犠牲もやむを得ないとする考えが内包されているとし、これについて批判的に論じてきました。それでは、そうした方向へ向かわないような思想とは、いかなるものでしょうか。言い換えれば、経済成長に一元化されない「豊かさ」や、効用だけに還元されない「幸福」を、いったいどのように構想し得るのでしょうか。

C・ダグラス・ラミス氏は、経済成長によってのみ豊かさは実現されるとする考えはイデオロギーに他ならないと喝破しています(C・ダグラス・ラミス『経済成長がなければ私たちは豊かになれないのだろうか』平凡社、二〇〇四年、八四-八五頁)。ラミス氏によれば、経済を発展させるということは、もともと存在した貧富の差を合理化し、「利益がとれるようなかたちに作り直」すということです。つまり、経済発展は、貧富の差を前提としているのです（前掲書、一一五－一一六頁）。したがって、それによって実現した豊かさには、貧富の差を肯定する論理が含まれていることになります。経済成長というものが、〈生きづらさ〉を前提にしているのであれば、経済成長によってのみ、私たちの「豊かさ」は実現するという考え方も間違いでしょう。〈生きづらさ〉を誰か／何かに押しつけた結果として、誰か／何かが生きやすくなるとしても、そのような「豊かさ」は真の「豊かさ」ではありません。

では、どのような「豊かさ」を追求すればよいのでしょうか。ラミス氏が述べるように、「経済以外のものを発展させる」（前掲書、一四一頁）ことこそが、真に目指すべき「豊かさ」なのではないでしょうか。ゼロ成長を推奨する書籍には、そのような「豊かさ」を実現するための方策が書かれています。そのうち、「パーマカルチャー」という考え方は有望ではないかと私は考えています。その推進者の一人であるホルムグレンによれば、「パーマカルチャーは、個人、家庭、地域社会が持続可能な将来に向け、自らをデザインし、立ち上げ、運営し、改良するために活用できるもの」です（デビッド・ホルムグレン『パーマカルチャー——農的暮らしを実現するための12の原理（上）』コモンズ、二〇一二年、二七頁）。

地球で生活をする限り、資源に限りがあるのは当然です。そもそも、経済活動に必要な生産をするには、何らかの資源を用いなければなりません。ゼロから何かを生産することなど不可能です。地球はけっして小さくはありませんが、有限です。このことから、経済成長が無限に続くわけではないということも理解されるでしょう。

しかも、経済成長が貧富の差を作り出しているところがあるなら、奪いやすいところから資源を奪っていくということ、つまり、生きる力が弱い人から資源を奪っていくということは、ある意味、自然なことです。しかし、社会的に優位な立場にある者が、こうした状況を肯定する傾向があるということと、生きる力が弱い人から先に資源が奪われていくという事態が正しいか否かは、まったく別のことです。これから生まれくる未来世代もまた、つねに弱い立場に立たされている、と言えます。いくら不利益を被るような政策が決定されても、それに対して未来世代は、抗議の声をあげることができないからです。「これが、自分たちの取り分だ」という声をあげることができないのですから、未来世代の命の可能性は、つねに現在の社会に委ねられています。「今がよければ、それでよい」という考え方と、「私が、あるいは私の仲間が尊厳をもって生き延びられればそれでよい」という考え方とが深いところでつながっていることがおわかりいただけるでしょう。このように、経済成長至上主義的な考えの下では、いくら「豊かさ」が実現しても、命の犠牲はやむを得ないとされてしまうのです。

経済的な価値とは、貨幣と交換できる価値のことです。市場は、貨幣価値が定まることで成立します。このとき市場は、暴力によって商品を強奪されたりしないような秩序を保持しています。「お金を出さなければ商品は入手できない」というのは、そういうことです。それだけでなく、市場においては、同じ額の貨幣を支払えば、白人であろうが黒人であろうが関係なく、その値段の商品と交換してもらえるようになっています。
しかし、経済成長が目指されるなかで、貨幣による商取引がなされていくと、生きる力が弱ければ弱い人ほど、資源を奪われることになってしまうのです。しかもこの構造は再生産されていきます。
貨幣によるそうした商取引によっては売買できない価値こそが、真の「豊かさ」であると私は考えます。経済成長至上主義は、この「豊かさ」を、言い換えるなら「交換不可能な価値」を、交換可能な価値に変えようとしたり、交換可能な価値によって測ろうとしたりするからこそ、暴力的なのです。しかしながら私は、交換可能性を否定してはいません。ただ、それしかないように見せかけるものとして、暴力性を内包する経済成長至上主義の問題点を指摘したのです。交換可能性によって私たちが手にする価値は、交換不可能なものでもなければ、私たちが譲り渡したくないものを無理して差し出すようなものでもありません。そもそも、交換可能な価値を得るために、交換不可能な価値を差し出すことは不可能です。それを可能にしようとしているのが、経済成長至上主義だと言えるでしょう。

**犠牲と「豊かさ」**

ここまで来てようやく、真の「豊かさ」とは何かについて、「犠牲」との関連でまとめておくことができます。

犠牲とは、交換や譲渡ができないもの、しないものを、その社会において、それができるようにする力のことである、と言ってよいのではないでしょうか。そして、真の「豊かさ」とは、交換不可能性、譲渡不可能性を源泉とする価値のことなのです。であるなら、交換不可能性、譲渡不可能性に基づく価値を、自発的にせよ強制的にせよ、社会に差し出してはならないのであり、それらの価値を守るために、交換可能な価値は存在すると考えることもできるのではないでしょうか。ここで私は、交換可能な価値を捨ててしまえと言っているのではありません。交換不可能な価値を差し出さなくてもすむような社会を創出するためにこそ、交換可能な価値を使う必要があると述べているのです。

交換可能な価値の代表が貨幣であり、交換不可能な価値の代表が身体や生命、環境、尊厳です。交換可能な価値は、使用することによって価値が生まれ、交換不可能な価値は、そこに在《あ》るだけで本源的な価値を有していると言えるかもしれません。交換不可能な価値が消失することは犠牲ではないということも、ここで指摘しておくべきでしょう。いずれ生命は死に絶え、地球も滅びていくでしょう。その意味では、交換不可能な価値も、有限です。だからといって、それらの価値は、交換可能な価値によって代替することも、交換不可能な別の価値によって代替することもできません。だからこそ、交換不可能な価値なのであり、文字通りそれは、かけがえのないものなのです。

「豊かに生きる」とは、すべての生が、先述のような意味において犠牲にならないことであると私は考えています。人の生命や尊厳など交換不可能なものを、貨幣など交換可能なものに「交換」させ、それを「美談」に仕立て上げ、そうした「交換」を社会に埋め込んでいく装置が、「犠牲のシステム」なのです。そして、人間の生命と動植物のそれとを比較したり、この時代を生きる私たちの生命と未来世代のそれとを比較したりすることは、交換不可能なもの同士を「交換」させようとすることなのです。

本章における主張をまとめておきたいと思います。倫理とは、相容れない主張どうしの対立を調停する「処方箋」ではありません。そうではなく、一定のイデオロギーを有するものです。それは、あらゆる生を無条件に肯定するイデオロギーです。「あらゆる生」が何を意味するかは本章第2節で、「共に生きる」が何を意味するかは本章第3節で、それぞれ原理的な考察をしました。「生の肯定」とは、「健康で文化的な最低限度の生活」を社会が「保障」するだけではない、そう私は考えています。「生の肯定」には、あらゆる生が、各人の生における幸福を実現し、生存の条件をよりよくしようと努めることも含まれていなければなりません。言い換えれば、「健康で文化的な最低限度の生活」の水準をより高く見積もってかまわない、むしろそうすべきだということです。そのためには、いかなる社会であればそれが実現し得るのかを考えなければなりません。このことについて考察したのが本節であり、それを私は、「犠牲のない社会」として提示したのでした。他者を犠牲にしない、そして私という存在も犠牲にされない社会こそが、他者と共に「豊かに」生きられる社会であると言えるのではないでしょうか。

注

1――本書を通して、川本氏の議論は「昔のような家族の持つ絆を基準として形成される社会こそが正しい」と読めなくもありません。その点において、私は川本氏を支持することはできません。

2――「効率性」じたいは、価値中立的なものであるからです。正しい効率性もあれば、正しくない効率性もあります。問われるべきは、何のための効率性か、であるはずです。

# 第3章

# 犠牲の問題として障害者問題を考える

## 1　障害者の問題はなぜ犠牲の問題なのか

### 一人ひとりに我慢を強いるこの社会

本章ではいよいよ、障害者問題について、個別のトピックに即して考察していきたいと思います。本節ではまず、障害者問題をなぜ犠牲の問題として捉えるのか、そうした捉え方はそもそも妥当なのかを考えていきます。

今でもこの社会には、お腹を空かせた障害者が、目の前に食事があるにもかかわらず、介助がないため、それを食べることができず、我慢せざるを得ないような状況があります。あるいは、介助の必要な障害者が家庭にいるために、家族が働きに行きたくても行けないような状況があります。このような個別の事例を挙げていけば、枚挙にいとまがありません。こうした状況は改善されなければいけませんし、個別の事情に即したかたちで解決されなければならない問題です。

しかしながら、こうした無数の事例に共通する根底的な問題について考察しなければ、対症療法に終わってしまいかねません。そこで本章では、個別具体的な問題の処方箋には踏み込まず、まずは普遍的な問題について論じていきたいと思います。したがって、「障害者の問題を、犠牲の問題として捉える」に際して、本章では、障害者とその障害者に近しい人が我慢を強いられる状況よりもむしろ、そうした我慢を当事者たちに強いるこの社会のあり方に焦点を当てて考察を加えていきたいと考えています。

誤解してほしくないのですが、「障害者の問題を、犠牲の問題として捉える」と言ったからといって、障害者の問題だけを考えればよいと主張したいわけではありません。言うまでもなく、障害者をめぐる問題以外にも、犠牲の問題は数多く存在しています。たしかに、障害者に固有の問題がひとつの契機となって、障害者とその障害者に近しい人びとに我慢を強いるような社会が生まれてきます。それと同様に、被差別部落の問題や在日韓国・朝鮮人の問題、性差別の問題なども、犠牲の問題として捉えられるはずです。本書を通じて私は、「障害者の問題を、犠牲の問題として考察することで、他の諸問題と共通する構造的な問題を明らかにしていきたい」と考えているのです。

### 問題の本質は犠牲の問題である

繰り返しになりますが、障害者をめぐる問題の本質は、犠牲の問題であると私は考えています。一体なぜ、そのように言えるのでしょうか。

第2章第4節で私は、「犠牲とは、交換や譲渡ができないもの、しないものを、その社会において、それができるようにする力のことである」と述べました。「交換不可能な価値を差し出さなくてもすむような社会を創出するためにこそ、交換可能な価値を使う必要がある」とも述べました。しかしながら、この社会を生きる多くの障害者にとって、交換可能な価値を作り出すことは、いわゆる健常者と比べると、そう簡単なことではありません。

このように述べると、身体障害や精神障害、あるいは知的障害をもつ人が、交換可能な価値を有する商品を独力で作り上げること、もしくは、そのような仕事に従事することが困難な状況を思い浮かべるのではないでしょうか。もちろん、「資本主義社会にとって有用と見なされる能力を持ち合わせておらず、それによって交換可能な価値を生み出すのが困難である」ということも、障害者が犠牲の構造に捨て置かれてしまう理由ではあります。しかし、それだけが犠牲を生む理由ではないと私は考えます。

外見上の「美醜」の問題、すなわち、手足が変形していたり、眼球が飛び出ていたりするような「姿かたち」の違いもまた、障害者を差別するための口実として使われます。それは趣味や好悪の問題であり、けっして差別の問題ではないという反論があるかもしれません。しかし、そうでしょうか。たとえば、「黒は汚く、白はきれいである」といった美醜の基準は、黒人差別を正当化します。若くて「整った」体型を「美しい」とする判断基準は、ミスコンテストに代表されるような「美人」のヒエラルキー形成に少なからぬ影響を与えます。ですから、美醜や姿かたちも差別の問題になり得るのであり、犠牲の問題と無縁ではありません。一見それは、趣味や好悪といった、個々人の問題と思われるかもしれませんが、「標準」という尺度が形づくられることで、その範囲に収まらない人を、その「外部」へと捨て置くような状況をもたらしてしまうのです。

こうした視座を得ることによって、美醜や姿かたちといった、本来は交換する必要のないものを交換可能なものとし、商品化して序列化するこの社会の姿が見えてくるはずです。「美白」や「整形」などの形成外科手術が商品化され、標準化された「美しさ」が商品価値をもつことからも、こうした考えが憶測とは言えないことがわかるのではないでしょうか。そして、こうした事態が人間の尊厳を踏みにじっているからこそ、この問題を見過ごしてはならないと思うのです。しかしながら、本書はこの問題について、さらに踏み込んで論じることはできません。重要な問題として提起するにとどめたいと思います。

本章でとくに問題にしたいのは、私たちの生命がその質によって選別されているという事実についてです。とりわけ、障害をもつ人の生命は、犠牲の構造に巻き込まれ、この社会から捨て置かれています。胎児の段階で障害の有無が検査され、五体満足でよかったと言われたり、障害をもって生まれてくる可能性が高いからといって中絶が選択されたりしているのです。

## 「合理的配慮」の合理性とは何か?

次節以降で私は、障害児の出生、安楽死と尊厳死、障害児教育という三つの問題領域に焦点を当てることで、障害者を犠牲の構造に巻き込むこの社会のあり方について、考察を深めていきたいと考えています。もちろん、障害をもつ人にとって、社会保障や雇用環境の問題、あるいは交通バリアフリーの問題なども非常に重要ですし、それぞれ固有の課題があります。しかし、そうした問題についても、次節以降で取り上げる三つの問題領域にかんする考察をもとに考えることができるはずです。言うまでもなく、それ以外にも重要な問題領域は幾つも存在しています。それらの問題のうち、ここでは国連の障害者権利条約を取り上げ、重要な点を指摘しておきたいと思います。

二〇一三年一二月四日、日本においても国連の障害者権利条約を批准することが国会で承認されました（福祉新聞WEB　二〇一三年一二月九日「障害者権利条約を承認　政府、批准手続きへ」など）。障害者インターナショナル日本会議事務局次長を務めていた金政玉氏が、「権利条約はその活用の方法によっては、国内の差別禁止と権利法制の新しい枠組みの構築に向けて大きな役割をはたすことが明らかである」（長瀬修・川島聡編著『障害者の権利条約――国連作業部会草案』明石書店、二〇〇四年、一六頁）と述べているように、障害者権利条約は、国内法による障害者差別を法的に禁止する可能性をもっています。

この条約の特徴のひとつは、差別は合理的配慮の欠如に起因すると明記されている点にあると私は考えています。第2条の「定義」によれば、「「障害に基づく差別」とは、障害に基づくあらゆる区別、排除又は制限」のことであり、「あらゆる形態の差別（合理的配慮の否定を含む。）を含む」とあります。ここで言う合理的配慮とは、「障害者が他の者との平等を基礎としてすべての人権及び基本的自由を享有し、又は行使することを確保するための必要かつ適当な変更及び調整であって、特定の場合において必要とされるものであり、かつ、均衡を失した又は過度の負担を課さないもの」のことです（松井亮輔・川島聡編著『概説　障害者権利条約』法律文化社、二〇一〇年、三四七頁）。つまり、障害者に対して合理的配慮がなされていない場所があれば、そこでは障害者差別が行われていることになるわけです。これを言い換えれば、合理性のある障害者差別など存在しない、ということになるかもしれません。日本においても今後、この「合理的」という言葉の重要性を十二分に考慮した、障害者差別を禁止する実質的な法制度が整備されることを願ってやみません。

ところで、この条約では、「合理的」「合理性」とは何かについての説明がなされていません。したがって、社会の側の「均衡を失した負担」や「過度の負担」がどのようなものかは、法整備が実際になされる段階で決められることでしょう。「障害のある人にとって見れば、合理的配慮がなければ平等な機会自体が奪われる」（長瀬修・東俊裕・川島聡編著『障害者の権利条約と日本――概要と展望』生活書院、二〇〇八年、四九頁）という東俊裕氏の指摘にある通り、障害者にとって合理的配慮とは、そもそも程度問題ではありません。どの程度の社会負担が「過度な負担」となるのか、という議論はあり得るとしても、「この社会において、差別はどれほど合理的か」という議論は成り立ち得ないのです。

東氏のこの懸念は、「合理性」に対する根本的な問いへと導いてくれます。「何にかんする合理性か」が問われなければ、いくら「合理的」であっても、犠牲の構造が温存されるばかりか、むしろ暴力的な社会をすら容認しかねないのです。どういうことでしょうか。

ナチスによるユダヤ人絶滅政策は、実はすべてのユダヤ人の抹殺を目的としてはいませんでした。歴史学者である栗原優氏は、ユダヤ人絶滅政策について、「実際にはまさに「労働不能」なユダヤ人の絶滅を意味」していたと述べています（栗原優『ナチズムとユダヤ人絶滅政策――ホロコーストの起源と実態』ミネルヴァ書房、一九九七年、一〇六頁）。「労働能力のないものは抹殺し、労働能力のあるものは強制労働に投入されるという政策は（中略）最も効率のよい使い方であろう」（前掲書、一二三頁）とも述べています。つまり、ナチスによるユダヤ人絶滅政策は、労働能力のあるユダヤ人には強制労働をさせ、病人や虚弱者、女性や子どもといった「食料を消費するだけで価値を生まない」ユダヤ人は殺害するというものだったのです（前掲書、八〇頁）。栗原氏はこの政策について、「ナチスの食料政策からすればむしろ「合理的」な行為であったのである」と述べています（前掲書、八〇頁）。

このことからも分かるように、「合理性」や「合理的」という言葉を用いるときには、その中身が問われなければならないのです。労働能力のある者は優れており、そうした能力に乏しい者は劣っているという価値観が絶対的なものであるならば、そこにおいて、先述のようなナチスの政策は、きわめて「合理的」なものとなります。そのような価値観に基づく「合理的配慮」では、障害者を差別してもよい、場合によっては抹殺してもよいということになるはずです。これでは、権利条約が目指すところとは、まったく正反対の結果になってしまいます。

きわめて「合理的」な思考に基づいて徹底した差別がなされ、それが正当化されてしまうという、ナチスの政策から、次のことが言えるのではないでしょうか。「合理的配慮」とは、ある価値観を前提とし、それに基づいてなされる配慮のことであり、それが依拠する価値観そのものが問われることはない、と。先述のナチスの例で言えば、「労働能力のある人は優れており、そうでない人は劣っている」という価値観に基づいて、病人や虚弱者などを殺害するのも「合理的配慮」なのです。そうであるとすれば、「合理的配慮」と言うときの、その「合理性」の中身が問われなければなりませんし、その「合理性」がいかなる価値観に基づくのかが問われなければなりません。

権利条約における「合理的配慮」と差別の問題について、私はある種のもどかしさを感じています。差別とは生の尊厳の否定であり、もっと言えば、存在そのものの否定です。これは合理性の問題ではなく、価値の問題です。しかし権利条約には、こうした価値の問題が明示されていないのです。これから整備が進められるであろう法制度、すなわち障害者差別解消法に基づく各自治体の条例において、この価値の問題がきちんと組み込まれることを願わずにはいられません。

さて次節からは、障害者差別の問題について、そして障害者と犠牲の問題について、個別具体的な事例に即して議論をしていきます。その際、これらの問題の根底には、価値に関する問題が横たわっているということを意識しながら、議論を進めていきたいと考えています。

注

1——URLは http://www.fukushishimbun.co.jp/topics/2285。

## 2 生まれてくる生命を選別するということ

### 出生前診断で何がわかるのか

生殖に関する医療技術は日々研究され、臨床段階を経て実際の医療現場で使われています。分子生物学は飛躍的な発展を遂げ、多大なる研究成果がもたらされました。とりわけ、遺伝子に関する技術的な進歩には目覚ましいものがあります。

生殖技術のひとつに、出生前診断という検査があります。母体の中にいる胎児の様子を肉眼で見ることはできません。しかし、出生前診断の技術の向上によって、赤ちゃんがお腹の中にいるときの様子が、かなりの精度でわかるようになっています。より具体的には、その赤ちゃんが女の子か男の子か、身体的な欠損はないかどうか、ある種の障害の有無はどうか、などがわかるようになったのです。それによって、妊娠した女性とそのパートナーは、あらかじめ赤ちゃんの性別や障害の有無を知ることができるようになりました。

代表的な出生前診断として、超音波検査、母体血清マーカーテスト、羊水検査があります。超音波検査とは、お腹のなかの赤ちゃんを映像でうつしてどんな様子かを見る検査です。母体血清マーカーテストでは、妊婦から採血し、血液中の成分を検査することで胎児の様子を調べます。羊水検査では、赤ちゃんがお腹のなかで浮かんでいる羊水を採取し、胎児の様子を調べます。

二〇一三年四月から、いわゆる「新型出生前診断」が始まり、妊婦の採血だけで胎児の染色体異常が簡単にわかるようになりました。[1] 生まれてくる赤ちゃんが、どのような性質をもって生まれてくるかが容易にわかるようになったのです。

## 出生前診断の何が問題か

読者のみなさんは、出生前診断に関するこうした技術を、どう思われるでしょうか。生まれる前に、赤ちゃんの性別や障害の有無がわかることは、果たしてよいことなのでしょうか。

もちろん、よい面もあると思います。「どんな赤ちゃんが生まれるか」が事前にわかっていれば、生まれてからの準備を早い段階からできる、という考えもあるでしょう。障害をもって生まれてくることがわかっていれば、障害をもつ子に対するケアのサポート体制をいち早く準備できるという考え方もあると思います。

ただ、多くの人はそのようには考えていないはずです。赤ちゃんに障害があると医師から告げられたなら、多くの人はまず、「障害のある赤ちゃんを産むか、それとも中絶するか」で迷うのではないでしょうか。ほとんどの人が、胎児に障害があるとわかった段階で、そのような赤ちゃんを産むことに抵抗を感じてしまうのです。日本の法律では、人工妊娠中絶は妊娠二二週目以降は認められていません。そのため、出生前診断を受ける妊娠一〇～一五週目あたりから約二カ月弱のうちに、中絶するかどうかを決めなければなりません。このことは、多くの妊婦のこころとからだに大きな負担となっています。ちなみに、障害があることを理由に胎児を中絶することを「選択的中絶」と呼ぶことがあります。

出生前診断によって、生まれてくる赤ちゃんに障害があるとわかったときに、妊婦やそのパートナーが「障害があっても産みますか」という問いかけへの判断を迫られるのは、一体どうしてなのでしょうか。それには、次の二つの要因が関連しているように思います。ひとつは、障害に関する医療者の偏見です。そして、もうひとつは、障害をもつ子どもへの適切なケアを供給するサポート体制が、この社会に整っていないことです。そして、両者に共通するのが、「障害があるのは不幸である」、「障害があるなら、生まれてこなくてよい」という視点です。言うまでもなくこうした見方は、障害のある人を劣った存在として規定する優生思想と深く結びついています。

## 医療者側の障害観を問う

往々にして医療者側は、障害や障害のある人のことを、克服すべきものであり、治療すべき存在であると見なしがちです。多くの医療者が、障害について、それは個人的なものであり、障害をもつ個人を治療し、「正常」に近づけなければいけないという発想をもっています。障害は「異常」なものであり、それを「正常」にすることこそが、自らの使命であると考える医療者が少なくないのです。

妊娠している女性は、こうした状況下で医療者と対面するわけです。ですから、医療者が妊婦に対して、赤ちゃんに障害があるかもしれないと言う場合、「お子さんがかわいそうですよ。中絶しますか?」というメッセージが暗に含まれていたりします。それに対して、妊娠している女性が、自分の思いをうまく言えていない可能性もあります。というのも、多くの医療者が男性だからです。これはジェンダー規範に起因する問題であると言えます。

たしかに障害があると、生活をする上で不便なことが多々あります。それを認めた上で、「障害をもって生きることは不幸ではない」と言う人もいます。障害者が直面する数々の不便にしても、社会的なサポートがあれば、あるいは社会的な障壁をなくせば改善される部分が少なくありません。障害は「異常」であり、「正常」に近づけるために障害を軽減・克服しなければならないという医療者側の考えは、障害の一面をとらえているに過ぎないのです。

医療者側が妊婦に提供する情報も限られています。障害をもつ子どもを、社会的なサポートを受けながら育てているカップルのことなどは、ほとんど紹介されていません。妊娠中の不安を抱える妊婦同士で相談ができる場所も、限られています。こうしたことからも、医療者の多くが、

「障害は個人的なものである」という発想をもっているということが言えるのではないでしょうか。

## 社会的なサポートの不備

障害をもつ子どもに適切なケアを提供するための社会的なサポート体制は、いまなお整っていません。生後間もない乳児の場合、どこまで障害のない乳児と同様の育児をすればよく、どこから障害をもつ乳児に特有の支援をすればいいのか、判断が難しいようです。そこでここでは、障害をもつ赤ちゃんを育てる人をどうサポートすればいいかも考えていきたいと思います。

障害をもつ子どもを産んだ女性は、そのことへの自責の念を他の誰よりも強く抱いてしまうことが少なくありません。障害をもつ子を産んだことについて、親類やパートナーから非難される場合すらあるようです。そうした結果、障害があるのは「悪いこと」であり、そのような子を自分が産んでしまったという自責の念が、その女性を苦しめることになるのです。

多くの医療者と同じように「障害があるのは不幸である」と考えている人が、世の中には少なくありません。妊婦である女性や、障害のある子を産んだ女性の多くも、そのような考えに支配されているため、障害のある子を産んだ自分を責めてしまうのです。ここには、ジェンダー規範も色濃く残っていると言うことができるでしょう。

しかしながら障害は、障害をもつ人だけの問題ではないのです。社会的なサポートを得ながら、自分が望むような生活を送っている障害者だっているのですが、残念ながら、そうした人たちのことはなかなか伝えられません。

特殊な才能をもつ一握りの障害者ではなく、ときには介助者と衝突しながら、必要な介助を得て生活をする、一見「平凡な」障害者のことが伝えられることは、滅多にないのです。しかも、はた目には「平凡」そうでも、障害をもつ人が必要以上に頑張らないと、そうした生活すら送れないという現実があります。そのような障害者の姿を広く伝えることは、障害をもつ子を産んだ女性やカップルを大いに勇気づけるはずです。それによって、「子どもに障害があることで必要以上に思い悩まなくてもよい」と思えるようになるなら、何よりそれは大事なことではないでしょうか。

そのためにも、「子どもは母親が育てなければならない」という考えから解放されることが、どうしても必要です。男性も育児を担うべきであることは言うに及ばず、いかにして社会的な支援を得ながら子どもを育てていくか、という視点が重要です。よく「育児の社会化」が必要だと言われますが、その際、「育児のどの部分を誰が負担すべきか」ということを考えなければなりません。子どもに障害があろうとなかろうと、女性やカップルだけで育児・保育をするのでなく、社会全体でその支援をするような制度設計が必要なのです。

## 生命を選別する優生思想

優生思想とは、「望ましい生命とそうでない生命を選別し、望ましい生命を増やそうとする一方、望ましくない生命を減らそうとする」考え方のことです。ここで言う「望ましい生命」とは、社会にうまく適合するような生命のことです。この観点からすれば、障害をもつ人は社会に適合するどころか、社会的な支援が必要となるため、望ましくない生命とされてしまいます。それどころか、「無駄な生命」「生きるに値しない生命」と言われてしまうことすらあります。

私たちが「障害をもつ人は、いないほうがよい」と、どこかで思っているとすれば、それにはこの優生思想が深く関わっています。このように、私たちの心のなかでくすぶっているような考えを「内なる優生思想」と言ったりします。

「内なる優生思想」をもっているのは、健常者だけではありません。障害をもっている人たちも、「内なる優生思想」により、自分が生きていることを肯定できなくて、苦しんでいたりします。自分よりも障害の重い人を見下したりする悲しい現実もあります。「内なる優生思想」が、それだけ強く影響を及ぼしているのです。

前節でも例に挙げましたが、わずか一〇〇年ほど前にナチスドイツは、ドイツ民族の「浄化」という名のもとにユダヤ人を迫害したり大量虐殺したりしました。その際、「生きるに値しない」重度の障害者や遺伝病、あるいはアルコール依存の人たちをガス室に閉じ込め、抹殺したのです。日本もナチスドイツにならって、第二次世界大戦中に「国民優生法」を制定し、障害をもっている人などの〈望ましくない生命〉に子孫を作らせないよう、不妊手術を行っています。戦後それは「優生保護法」という名称となり、「不良な子孫」を産ませないため、〈望ましくない生命〉を増やさないという政策が取られることになります。[2] 一九九六年に「母体保護法」に変更されるまで、「優生」という言葉は法律名にも残っていたのです。

法改正によって、国家による〈望ましくない生命〉の直接的な管理は少なくなりました。しかし今度は、医療技術の進歩によって、個人やカップルが、障害をもつ胎児を「自発的」に中絶するようになっています。国家による生命への介入から、個人やカップルによる「自発的」な選択に変わったのだから、よいことだと思われるかもしれません。

しかし、いずれの場合も、生命には〈望ましい生命〉と〈望ましくない生命〉とがあるとしている点で、まったく同じです。問われるべきは、こうした考え方そのものではないでしょうか。したがって、個人やカップルが、障害をもつ胎児の中絶を選択したとして、それが当人たちの望みなのであれば優生思想とは関係がない、とは言い切れないように思うのです。

## 新型出生前診断と優生思想

先述したように、いわゆる「新型出生前診断」が、二〇一三年四月から日本でも導入されました。妊娠している女性の血液を用いて胎児の状態を調べるわけですが、母体血清マーカーテストもやはり、妊婦の血液を用いる検査です。ただ、「マーカーテスト」では、妊婦の血液に含まれるたんぱく質やホルモンに着目するのに対して、「新型」では、妊婦の血液を用いて、胎児のDNAを解析することに主眼が置かれています。こうした中でマスコミは、「妊婦の血液検査によって、生まれてくる子がダウン症かどうか、99%の精度でわかる」といった、センセーショナルな報道を行いました。その背景には、他の障害とくらべて、ダウン症の子を産む頻度が高いということもありますが、いずれにしても、そうしたマスコミの報道によって、「新型」検査を歓迎する風潮が、この社会に醸成されていったのです（坂井律子『いのちを選ぶ社会——出生前診断のいま』NHK出版、二〇一三年、一四－二五頁）。

「新型」検査にしても、「いのちを選別する技術」であることに変わりはありません。じつはこの社会は、「新型」検査が、生命の選別を行うツールであるということから目を逸らしているのではないか、と私は考えています。言い方を換えれば、「新型」検査を利用するかどうかを、カップル、とくに妊婦の選択にゆだねることによって、つまり、「妊婦の自己決定」とすることによって、大半の責任を当人たちに押しつけているように思えるのです。坂井氏も指摘するように、この問題の本質は、費用対効果の良し悪しをひとつの判断基準とする制度設計をし、障害があるとコストがかかるという理由で〈望ましくない生命〉であるとする優生思想にあります（前掲書、二三六－二四〇頁）。こうしたなか、検査技術ばかりが進展し、検査を受けるか否かを「妊婦の自己決定」にゆだねて済ませてしまうという、「いのちを選別する」この社会を問題にしない限り、問題は何も変わらないと思うのです。

## 産科医療補償制度の何が問題か

ここでは、出生前診断と関連のある産科医療補償制度を取り上げてみたいと思います。二〇〇九年一月に始まったこの制度は、「分娩に関連して発症した重度脳性麻痺児に対する補償の機能と脳性麻痺の原因分析・再発防止の機能とを併せ持つ制度」です(公益財団法人 日本医療機能評価機構ホームページより[3]。ただしこの記述は現在、削除されています)。産科医院などの分娩機関がこの制度に加入していれば、「分娩に関連して発症した重度脳性麻痺児」は補償が受けられるようになります。つまり、この制度の目的は、「分娩に関連して発症した脳性麻痺児とその家族の経済的負担を速やかに補償し」、「脳性麻痺発症の原因分析を行い、同じような事例の再発防止に資する情報を提供し」、「紛争の防止・早期解決および産科医療の質の向上を図」ることにあります(同ホームページ)。

たとえば、妊婦のお腹から赤ちゃんが出てこようとするとき、首に臍帯《さいたい》(「へその緒」のこと)が巻きついて、脳に十分な酸素がまわらなかった結果、脳性小児麻痺が引き起こされることがあります。これを「医療ミス」であるとして、その子の両親が医療者を訴えることが考えられます。しかし、産科医療補償制度に加入していれば、「看護・介護のために、一時金600万円と分割金2,400万円、総額3,000万円が補償金として支払われます」(同ホームページ)。以上のことからわかるように、この制度は医療訴訟を抑制し、医療者を保護するための制度でもあるのです。

もちろん、障害のない胎児が、分娩時の医療ミスにより障害を負うことになるなら、それは医療事故に他なりません。ですから、それに対する補償請求は、当然の行為です。しかし、この制度で納得しがたいのは、医療事故に対する補償と「看護・介護のため」の補償金とがセットになっていることです。公式ホームページには、「お産の現場では、赤ちゃんが健康で、元気に生まれてくるために、医師や助産師などがたいへんな努力をしていますが、それでも予期せぬできごとが起こってしまうこと」があると書かれてあります。だとすれば、障害をもって生まれてきた赤ちゃんは「健康で、元気」ではないのでしょうか。同ホームページには、「重度脳性麻痺となった赤ちゃんとそのご家族」に対する補償という文言もありますが、本来であれば補償は、「医療ミス」に対してなされるべきものです。それがなぜ、「重度脳性麻痺となった赤ちゃんとそのご家族」への補償ということになってしまうのでしょうか。

ここに見え隠れするのは、障害をもたずに生まれてくるのが「正常」であり、障害をもって生まれてくるのは「異常」であるとする考え方です。「正常」な状態で生まれてくるはずの子が「異常」を来してしまったのだから、それについては補償しなければならないという発想は、こうした見方から出てくるのではないでしょうか。もちろん、「医療ミス」を犯した医療者の責任は追及されるべきです。しかし、そのことと、障害をもって生まれてきたことへの補償は、別の話です。産科医療補償制度のホームページを見る限り、重度脳性麻痺という障害をもって生まれてきた子どもは、本来生まれてくるべきでなかったが、今となっては仕方がないから補償してやろう、という発想が見え隠れするのです。

障害をもって生まれてきた子どもに介護や看護が必要なのであれば、福祉政策によって、しかるべきサポートが提供されるべきではないでしょうか。ところが、産科医療補償制度における「補償」は、障害をもつ子が生まれてくることを、「失敗作」としての人間が生まれてくることと捉えているように感じられてならないのです。

## 出生前診断の真の問題とは?

お腹の中にいる胎児がどんな状態で生まれてくるのかを事前に知ろうとする人には、次の二つのタイプがいます。

第一のタイプは、いかなる状態であろうとその子の誕生を歓迎するが、なんらかの障害をもって生まれてきたときに、その子を育てるための経済的・心理的な準備をしておきたいという人です。そうした準備の一つとして、わが子のために利用できる社会保障・福祉制度は何かを調べておくということがあります。もう一つのタイプは、生まれてくる子が〈望ましくない生命〉であるなら、そのような子どもの誕生は歓迎せず、可能であれば中絶するという人です。このタイプの人は、心のどこかで、障害をもっていることは、いのちの質が劣っていることだと思っているはずです。ここで言う「いのちの質」は、多くの場合、育児に要するコストに見合うだけの成果が見込めるかどうか、で決まってきます。つまり、ここでは、より多くのコストをかけて育てなければいけない生は、資源を無駄遣いする劣った生であると捉えられているのです。

それは違う、と反論する方もいることでしょう。こんな社会に障害をもって生まれてきても苦労するばかりでかわいそうだから、中絶をよしとするのであって、「いのちの質」が劣っていると考えてのことではない。そう言われるかもしれません。

しかしそれは、あまりに一面的な考え方ではないでしょうか。少なくとも、障害のない生を基準にして言っていることは明らかです。障害をもつ人が、「自分のことをかわいそうだと思ったことはない」と言ったとしても、「それは強弁に過ぎない」と言い張るつもりでしょうか。そうだとすれば、その人は、自らの傲慢さに全く気づいていないと言うほかありません。

百歩譲って、障害をもつ人がこの社会で生きようとすれば苦労が絶えず、かわいそうなこと――私はそうは思いません――だとしても、そうした見方は、今の社会はけっして変わりはしないという前提に立っています。そこまで障害者に苦労を強いて、かわいそうな存在にしてしまうこの社会とは、いったい何なのでしょうか。この社会が、障害者にとっても暮らしやすいものとなるなら、多くの障害者が抱える苦労の数々も軽減されるでしょうし、「いのちの質」が劣った存在だと見なされたり、かわいそうな存在だと見なされたりすることもなくなるはずです。

まさしくこの社会が、障害者が障害をもっているという理由で、理不尽な苦労を強いているのです。それだけでなく、障害者に対する偏見を助長してもいます。出生前診断に関して問われるべきは、このような現実それ自体です。そこを問わないまま、妊婦やカップルによる「自発的」な選択の是非を論じても、問題の本質は何も変わりません。障害があるというだけで、障害者が犠牲の構造に巻き込まれていることこそが問われなければならないのであって、それこそが出生前診断に関する真の問題なのです。

注

1――「朝日新聞デジタル」二〇一三年三月三一日「新出生前診断、1日から　遺伝相談重視、17施設で順次」という記事には、「妊婦の血液で胎児のダウン症などの染色体異常がわかる新型の出生前診断が4月1日から昭和大学病院（東京）などで始まる」とあります。
http://www.asahi.com/national/update/0330/TKY201303300374.html

2――堤愛子によると、とりわけ女性障害者が病気にかかっているわけでもないにもかかわらず子宮摘出されている現実が優生保護法下でありました。厚労省は、当時、日本の優生手術は合法的に行われていたため、問題はないと言い切ってもいます（堤愛子「優生思想が生んだ女性障害者の子宮摘出――日本にもある強制不妊手術」、優生手術に対する謝罪を求める会編『優生保護法が犯した罪――子どもをもつことを奪われた人々の証言』現代書館、二〇〇三年、四〇頁 - 五〇頁）。優生保護法は、その目的を「不良な子孫の防止」としており、その拡大解釈として、遺伝しない障害をもつような障害者に対しても「社会通念」から子どもを産ませないような手術をしていたと思われます。

3――（財）日本医療機能評価機構のホームページ「産科医療補償制度」　http://www.sanka-hp.jcqhc.or.jp/

## 3　尊厳死と犠牲

### 安楽死・尊厳死とは何か?

多くの方が、安楽死や尊厳死という言葉を一度は聞いたことがあるのではないでしょうか。安楽死とは一般的に、「死期が迫っている者に対して、耐えがたい苦痛を軽減するために死をもたらす措置をとること」と理解されています。この節では、安楽死・尊厳死を、犠牲の問題としてとらえ返していく予定です。そのためにまず、安楽死・尊厳死とはどのようなものであり、いかなる歴史をもっているのかを見ていきたいと思います。

安楽死には、次の二つの方法があります。一つは積極的安楽死と呼ばれるもので、生命の短縮を目的とする措置を取ることによって、患者を死なせて苦痛から解放する（死なせる）方法です。もう一つは消極的安楽死と呼ばれるもので、苦痛を長引かせないことを目的とし、積極的に生命を維持するような措置は取らずに患者を死なせる（死ぬに任せる）方法です。

この安楽死ですが、誰がそれを決めるかで、次の三つに分類されています。一つ目は、患者本人がそれを望む場合で、自発的安楽死と呼ばれています。二つ目は、自らの意思を伝える能力がないと見なされた患者を対象とするもので、非自発的安楽死と言われています。三つ目は、患者の意思に反して行われるもので、反自発的安楽死と言われています。

尊厳死とは、「消極的」かつ「自発的」な安楽死のことで、「死期が迫っている患者が抱える苦痛から、その患者を解放するために、患者本人の意思により、生命を維持する措置を行わないこと」と理解されています。「いたずらな延命措置の拒否」と言われることもあります。

**日本における安楽死・尊厳死**

ここでは日本における安楽死・尊厳死の歴史の中で、主だった事例を挙げていきたいと思います。

①名古屋安楽死事件（一九六一年）

病気で苦痛があり、「苦しい、死なせてくれ」と訴える父親に対し、息子が牛乳に有機リン殺虫剤を混入し、事情を知らない母親がその牛乳を夫に飲ませ、父親は死亡。息子は尊属殺人の罪に問われました。

翌六二年の名古屋高裁での判決で、息子は懲役一年、執行猶予三年の判決を受けました。その際、安楽死として「是認」し得るのは、次に掲げる六つの要件をすべて満たした場合に限られるということが示されています。以後、安楽死の要件として、名古屋高裁によるこの判決が参照されるようになっていきます。

1. 死期が切迫していること
2. 耐え難い肉体的苦痛が存在すること
3. 苦痛の除去・緩和が目的であること
4. 患者が意思表示していること
5. 医師が行うこと
6. 倫理的に妥当な方法で行われること

②東海大学安楽死事件（一九九一年）

末期がんで入院し、昏睡状態が続いていた夫（病名は本人には知らされていなかった）の治療中止を、妻と長男が強く希望しました。これを受けて担当内科医であった大学助手は、一九九一年四月一三日に点滴をはずし、殺意に基づいて塩化カリウム等の薬剤を投与し、夫は同日に死亡しました。五月にこのことが発覚し、助手は殺人罪に問われました。

一九九五年の横浜地裁での判決で、その助手は懲役二年、執行猶予二年の判決を受けています。その際、医師による積極的安楽死として許容される要件として、以下の四点が示されています。

1. 耐えがたい激しい肉体的苦痛に患者が苦しんでいること
2. 患者の死が避けられず、その死期が迫っていること
3. 患者の肉体的苦痛を除去・緩和するために方法を尽くし、ほかに代替手段がないこと
4. 生命の短縮を承諾する患者の明示の意思表示があること

### ③川崎協同病院事件（一九九八年）

一九九八年一一月二日、五八歳の男性がぜんそく発作で心肺停止状態に陥り、川崎協同病院に搬送されました。同月一六日、気道を保っていたチューブを医師が外したところ、患者が苦しがったため、准看護士に指示して筋弛緩剤を注射させると、患者はまもなく死亡。同病院は二〇〇二年四月に経緯を公表し、医師は殺人容疑で逮捕、起訴されました。

二〇〇五年、一審横浜地裁の判決では、家族の意思を十分に確認せず、誤解に基づいてチューブを抜いたとされる医師に懲役三年、執行猶予五年の殺人罪の判決が下されました。二〇〇七年の二審東京高裁での判決では、患者の意思は不明で、死期も切迫してはいなかったが、家族の要請に基づいてチューブを抜いたと認定。当時の殺人罪では最も軽い懲役一年半、執行猶予三年へと刑が軽減されました。

被告側は最高裁に上告し、「これは尊厳死であり、殺人罪には当たらない」と主張しました。それに対し、最高裁での二〇〇九年の判決では、「脳波などの検査をしておらず、余命について的確な判断を下せる状況にはなかった。チューブを抜いた行為も被害者の推定的意思に基づくとは言えない」と結論し、二審の高裁判決を支持しました。最高裁が尊厳死に関するケースで判断を示した最初の判決でした。しかし、尊厳死としての要件は示されませんでした。

## 諸外国における安楽死・尊厳死

以上のことからわかるように、日本では安楽死の要件は示されているものの、尊厳死については明示されていません。こうした状況を受けて、尊厳死を法制化しようとする動きがあります。これについて触れる前に、まず、どのような国が安楽死・尊厳死を法制化してきたかを見ていきます。

安楽死が法的に認められているのは、以下の国々です。アルバニア（一九九九年に合法化）、アメリカ合衆国カリフォルニア州（一九七六年）、同オレゴン州（一九九四年）、同テキサス州（一九九九年）、同ワシントン州（二〇〇八年）、同モンタナ州（二〇〇八年）、ベルギー（二〇〇二年）、ルクセンブルグ（二〇〇八年）、オランダ（二〇〇二年）、スイス（一九四二年制定の刑法一一四条では安楽死を禁止、同法一一五条では、利己的な動機による自殺幇助を禁止、これにより、患者のための自殺幇助であれば許容されると一般的には解釈されることになった）。かつては法的に認められていたものの、現在では違法とされているのはオーストラリア北部準州で、一九九五年にいったん合法化され、その翌年には失効しています。

このほか、インドでは政府に対して法務省が安楽死を認める法律を制定するよう働きかけています。メキシコでは積極的安楽死は認められていませんが、消極的安楽死のほうは二〇〇八年にメキシコシティで、翌〇九年にはアグアスカリエンテス州とミチョアカン州で、それぞれ合法化されています。ノルウェーでは、国会で何度も安楽死の法制化について議論がなされています。以上のことからわかるのは、安楽死・尊厳死の法制化と、社会保障がどれだけ整備されているかは、あまり関係がないということです。むしろ、社会保障が充実している国では、「あのような身体、あるいは精神の状態にある人間は、社会保障を受けるに値しない。したがって、死を選ぶのが望ましい」という理屈で安楽死・尊厳死のような優生的と思われる政策を正当化すらしているのです。[1]

## 日本尊厳死協会の主張

日本において尊厳死という考え方を広め、尊厳死の法制化を目指している団体があります。日本尊厳死協会（その前身は一九七六年に設立された「日本安楽死協会」で、一九八三年に改称し現在に至る）です。

この人たちは、どのような主張をしているのでしょうか。

「本来、苦痛を除くのが医学の使命であるのに、本人の意思に反して苦痛を強制する無意味な延命措置を強行することは許されるべきではない」というのが、この協会の基本的な考え方です（日本尊厳死協会東海支部編著『私が決める尊厳死――「不治かつ末期」の具体的提案』中日新聞社、二〇〇七年、九頁）。これは「本人意思を尊重する人権運動の一環」（同、一〇頁）であり、「人権思想の上に立った尊厳死の理念」（同、一二頁）であると位置づけています。この協会は、尊厳死を望む人が医師に「尊厳死の宣告書（リビング・ウィル）」を提示することで尊厳死が実現できるよう、運動を進めています。この宣告書には「不治で死が迫っていると診断された場合、あるいは回復不能な植物状態では無意味な延命措置を拒否する」（同、一〇頁）旨、記されています。

日本尊厳死協会にとって尊厳死とは「自然死と同義語」で、「自らの傷病が不治かつ末期に至ったとき、インフォームドコンセント（十分な説明と理解をした上での同意）に基づく健全な判断の下での自己決定により、いたずらに死期を引き延ばす延命措置を断り、自然の死を受け入れる「死の迎え方」」（同、一三頁）なのです。

この団体にとって「延命措置」は、「生命を救助することが不可能で、死が避けられず、単に死の時期を先送りするだけの措置」（同、一四頁）です。「不治」の状態とは、「完全には治癒しない」糖尿病やリウマチのことでなく、「薬物投与や放射線治療など、回復を目的としたあらゆる治療行為に効果が全く期待できなくなった状態で、かつ死への進行が止められなくなった状態」（同、一五頁）のことです。「末期」とは不治になった状態から死ぬまでの期間を指し（同、一五頁）、「回復不能の持続的植物状態や筋萎縮性側索硬化症《きんいしゅくせいそくさくこうかしょう》（ALS）など、長期にわたる闘病生活が続くケースもある病態では「自力摂食不能」「自発呼吸不能」の時期以降を延命措置を要する末期といっていい」（同、一五頁）と考えているようです。

この団体の主張をまとめると、「延命措置」がなければ患者が生きていけず、治療を受けたとしても治る見込みがないとき、患者の意思表示が事前にあれば、医療行為は停止されるべきだというものです。そのとき尊厳死が法制化されていれば、医師が罪に問われる心配はなくなるわけです。

## 尊厳死の主張への反論

自分が不治で末期の状態にあるとき、自らの意思で死を選択するのであれば、それは患者の「自己決定」によるものだから、けっして悪いことではない、しかもそれは患者の人権を尊重した証しであり、患者に対する病院側の人権尊重を涵養《かんよう》する上でも必要ではないか。そう思われる方も少なくないかもしれません。

それにしても、不治で末期の状態になったとき、「もう死んでもよい」と、少なくない方が思ってしまうのはなぜでしょうか。おそらくそのような人は、だれか他の人の「不治で末期」の状態を見聞きしたことがあって、「自分はあのようにはなりたくない、あんな風になるなら死んだほうがマシ」と思ったはずです。たとえば、マスコミでよく取り上げられる、体のいたるところにチューブを挿入しながら生きている患者を目にして、「自分はあんなふうにはなりたくない」と思ったのかもしれません。マスコミは、「不治で末期」の患者の「体のいたるところにチューブ」が挿入された状態を「スパゲッティ症候群」と称して喧伝したり、「いたずらな」延命治療といった言葉を多用したりして、「そうなっても生きていたいですか？　そうじゃないでしょう？」というメッセージを私たちに植えつけています。そこにも、尊厳死をめぐる不気味さがあります。

　治療停止を選択し、「自らの死」を早めるかどうかを決める際に、「だれか他の人の病状や死」が基準となっているのです。「あんな風になるまで生きていたくない」という思いの奥底には、誰かの病状をみじめで悲惨なものと勝手に決めつけ、自分がそのような状態になるのは嫌だという思いがあるのではないでしょうか。そうであるなら、「不治で末期」の患者の生をないがしろにしていると言うほかありません。仮に、特定の患者を想定してそう思ったのではないにしても、病院でチューブにつながれて、食事や呼吸、排尿・排便が自力でできない人たちを想定していたとすれば、そのような状態を生きている患者に対して非常に暴力的ではないでしょうか。

「あんな風になるまで生きていたくない」という考え方は、「あんな身体になったらもう何の役にも立たない、お荷物だ」という考え方と無縁ではありません。尊厳死をよしとする考え方は、むしろ、出生前診断によって「いのちの質」を判断し、それが〈望ましくない生命〉であれば、絶ってしまったほうがいいとする考え方にきわめて近いと言ってもいいでしょう。突き詰めればそれは、社会的に有用か否かで人間の価値を測ろうとする、きわめて一面的な見方に基づいているのです。

　尊厳死をよしとする患者は、じつは周囲をとても慮《おもんぱか》る人でもあります。「自分がこのような状態になったら、世話をしてくれる人が大変だから、もう治らないとわかったら、寿命を延ばすことはしない」という心配りをする、とても心優しい人なのです。しかし、だからといって、周囲の人たちが、そういう「心優しい人」に甘えていいというわけではありません。「不治で末期」の状態にある患者のケアをする際に、周囲の人は、おもに経済的な負担と人的な負担を抱えることになるようです。ということは、それらのコストを社会が負担するようになれば、「世話をしてくれる人が大変」でなくなるわけですから、治療行為を停止し、自ら死期を早める選択をする必要もなくなります。

しかし日本尊厳死協会は、経済的なコストの問題が、尊厳死の法制化を求める理由ではないと言います。確かに、そうかもしれません。しかし、患者の立場に立って考えてみれば、経済的な負担も、尊厳死を選ぶ理由のひとつとなっていることは間違いないのです。実際、お金も人手も足りないなかで、患者が「自分は生きたいけれど、周りの人の迷惑になるから死のう」と思うことがあります。それはとてもつらいことだと、私は思います。

そうしたつらさを、患者にも、患者に生きていてほしいと願う周囲の人びとにも味わわせないようにするには、どうすればいいのでしょうか。それにはまず、患者のケアに要する負担を、周囲の人びとだけでなく、社会全体で担うようにすることが重要です。より具体的に言えば、家族や知人のみがケアの担い手となるよう強いられずに済む制度と、ケアに携わる人びとに支払うべき経済的負担をサポートする制度を作り上げる、ということです。現在の福祉制度では、明らかに不十分です。人手もお金も、必要なところに行き渡っていません。尊厳死の是非を議論する前に、「生きていたいと願う患者が、死を選ばなくて済む」ための制度設計について議論をすべきではないでしょうか。

## 尊厳死を犠牲の問題として考える

私の考えでは、尊厳死という考え方のなかに、すでに「犠牲の構造」が含まれています。そのことを明確にするべく、この問題について、議論をさらに進めたいと思います。

日本尊厳死協会は、「延命措置の不開始、中止を最終的に決定するのは本人です」（日本尊厳死協会編著『新・私が決める尊厳死――「不治かつ末期」の具体的提案』中日新聞社、二〇一三年、二四頁）と言っています。しかし、いくら本人の意思といっても、それはその人を取り巻く環境や社会制度などの影響を受けて変化するものです。こうした中で、「自らの死」を選択し実行してしまえば、もう二度と後戻りできないような判断を本人に任せてしまうのは、「この社会や周囲の人びとが、その人を見捨てている」ことと同じではないでしょうか。言い方を換えればそれは、本人の意思を尊重すると言っておきながら、実は社会による支援が不十分であることを隠蔽することになっているのです。そうした構造を見抜かなければなりません。

もちろん、本人の意思を尊重するのは、よいことです。ただし、それがなぜよいことなのか、理由を明確にしておかなければなりません。本人が本人の状態をよく知り、その意思するところが本人にとってよいからこそ、誰よりも本人の意思を優先して考えなければならないのです。その上で、「全ての人の意思が尊重されるのが、人権社会の基本」（前掲書、二四頁）なのであって、本人にとってすら、きわめて判断の難しい生死の選択を本人の意思決定にすべて委ねてしまうのは、やはり問題です。

だからといって、本人の意思を最優先にする必要などない、本人と周囲の人びととの共同意思決定のほうがよいというわけでは全くありません。なぜなら、その人たちが、必要十分な情報を得ている保証はありませんし、その場で発言力のある人の意見が通ってしまったり、本人と周囲の人たちとの考えが折り合わなかったりすることが少なくないからです。それでも、生か死のいずれかを決めなければならないとすれば、共同意思決定とは名ばかりで、反対の声があるのに、ある人の意見が通ってしまったり、本人の意思は二の次になってしまったりということが起きかねません。したがって、本人の意思決定よりも、共同の意思決定のほうが優れているという考えは幻想なのです。

その場において、当事者の意思決定を尊重すれば全てよしとすることができず、それでもその人の生死を分けるような重大な決定をしなければならないような状況では、当事者であろうが、周囲の人であろうが、とにかく誰かの意思によって意思決定をしなければなりません。だからといって、どうしたらよいかを事前に決めておけばいいのかというと、それは違います。なぜならそれは、あくまで「事前」の状況でなされた意思決定にすぎないからです。

では、この問題をどう考えればいいのでしょうか。その決定によって当人が生き延びることができ、当人がそれに満足できたとすれば、その決定には正当性があったと言えるはずです。ところが実際には、当人の意思に基づいてあらかじめ決定されたことだから問題はないとされてしまっています。ここに問題があるのではないでしょうか。日本尊厳死協会は、「たとえ第三者からみて不合理で本人に強く勧告するのは自由ですが、結論を第三者が強制することは許され」ないと述べていますが（前掲書、一二四頁）、この言い方自体、ほとんど意味がありません。なぜなら、すでにこの言い方は、本人の意思決定がいかなる内容であろうとそれを最優先しなければならないという前提に立っているからです。

しかし、先述したように、本人の意思決定であろうと、第三者を含めた共同の意思決定であろうと、何らかの影響をこの社会から受けています。

しかも、病気をしたり、障害をもっていたりする人に対する適切な支援が用意されずにいるどころか、そうした人びとを嫌悪するようなこの社会において、そうした当事者たちの意思や要望は、多くの場合、矮小化されてしまいます。みなさんも子どものころ、周囲の大人に自分の思いをわかってもらおうとしても、「ちょっと待ってね」「子どもなんだから」などと言われて、まともに受け止めてもらえなかった経験があるのではないでしょうか。この社会から捨て置かれた人たちは、毎日のようにこのような経験を強いられているのです。こうしたなかで、自らの意思を口にすることが、どれほどハードルの高いことか、知っておく必要があります。こうした構造に目を向けようとせず、患者の意思を尊重することが第一であり、それこそが、人権思想の実践であると宣するのであれば、それは欺瞞というほかありません。ここにおいて、病気をしたり、障害をもっていたりする人を「犠牲の構造」に巻き込むこの社会の姿が浮かび上がってきます。

日本尊厳死協会によれば、「人工呼吸器など延命措置の不開始、中止は、医師といえども逡巡があるはずで「尊厳さを失った痛ましい不幸な状態から救う」との思いを家族と共有し、人道的な方法で厳粛に死にむかって誘導すれば、主治医も家族もこれで良かった、との納得と安心を得ることになります」（前掲書、二五頁）。

しかし、本当にそうでしょうか。私は大いに疑問です。第一に、医師といえども、患者を死なせることには迷いがあるはずです。ヒポクラテスの誓いを持ちだすまでもなく、医療の大きな使命のひとつとして、患者の生命を維持することがあるのは言うまでもありません。もちろん、可能なかぎり患者が快適な状態になるようにするのも、大切な使命のひとつです。この二つの使命を天秤にかけなければいけない場面で、どちらを優先すべきか迷いが生じるのは当然のことでしょう。

論理的に考えれば、優先順位としては生命の維持のほうが高く、快適性の実現はその後に来るはずです。つまり、この二つは異なる水準のものなのです。したがって、快適性は不十分ながらも、生存しているというケースはあり得ます。そうした状態にある人に対し、可能なかぎり快適性を高めるべく尽力するのがいいのか、それとも、それは「尊厳さを失った痛ましい不幸な状態」であり、死に至らしめても仕方がないと考えるのか。そこが重大な分かれ目となるのです。

こうしたなかで日本尊厳死協会は、「死にむかって（患者を：引用者注）誘導すれば、主治医も家族もこれで良かった、との納得と安心を得ることになります」と言うわけですが、それで安心を得て、患者に対し、何の迷いもなく死へいざなえる人がどれだけいるでしょうか。

この団体は、「不治で末期」状態にある人は、「尊厳さを失った痛ましい不幸な状態」であると考えているようです。その背後には、先述のように「誰かの病状をみじめで悲惨なものと勝手に決めつけ、自分がそのような状態になるのは嫌だという思い」があるのではないでしょうか。それによって私たちは、病気になったり、障害をもっていたりする人を、「犠牲の構造」へ巻き込んでしまうのです。

それで言えば、この団体が用いる「厳粛に死にむかって誘導」するという表現は、犠牲を促すレトリックに他なりません。誰かの死を「厳粛に」受け止めるというのであればまだ理解可能ですが、誰かを死へと「厳粛に」誘導するというのは、どうでしょうか。このような表現の背後には、自分自身は「尊厳さを失った不幸な状態」にはなく、むしろ健康であるという発想があるのではないでしょうか。しかし、なぜ自分は生の「尊厳さ」を持ち得ている一方で患者にはそれがないと言えるのか、まったく理解できません。生きていることそれ自体に尊厳があるのであれば――私はそう考えます――、どちらの生にも尊厳があるのではないでしょうか。

ここで取り上げた日本尊厳死協会の理屈は、突き詰めれば、「主治医も家族もこれで良かった、との納得と安心を得ること」にその目的があると考えざるを得ません。言い換えれば、患者の死期を早めたことを、「こういう死なせ方によって患者の死に尊厳を与えること」ができたと理解できるようにすることで、人の死に際して誰もが感じるであろう悲しみや、人を死なせてしまったという負い目を払拭してしまおうとするわけです。言い換えれば、この団体が発するメッセージは、患者を死なせても仕方がないという、「犠牲」を許容するレトリックになっているのです。
先ほど私は経済的・人的コストの話をしましたが、それで言うなら、社会保障関係費が抑制され、必要な予算が医療や福祉に回されず、資源が限られているなかで、「社会保障を受けるに値する生／そうでない生」という選別がなされています。このようにして尊厳死は、患者の生を「尊厳を失った痛ましい不幸な状態」として表現するベクトルと、社会保障の資源には限りがあり、その受け手を選別しなければならないとするベクトルによって、患者を「犠牲の構造」へと巻き込んでいくのです。

1――一九三〇－四〇年代の第二次大戦前後において、北欧諸国、とりわけノルウェー、スウェーデン、デンマーク、そしてフィンランドでは、社会民主的な改革の名のもとに、障害者に対する強制的な断種が行われました（Broberg and Roll-Hansen eds. 1996（=2nd. Edition 2005）, *Eugenics and the Welfare State: Norway, Sweden, Denmark, and Finland*, Michigan State University Press.）。これは安楽死・尊厳死に直接かかわるものではありませんが、福祉を漸進的にすすめる立場でありながら、「社会改良」の名のもとでこのような優生的な政策が行われていたことは、福祉国家における安楽死や尊厳死の問題を考えるうえでも示唆的なはずです。また、福祉国家レジーム論においては、オランダは制度的には保守的な要素が少ないものの、上記のように安楽死を法制度として位置づけています。

## 4　いのちを選別するこの国の教育

日本における障害児教育は、いわゆる健常児が通うのとは別の学校でなされてきました。障害児の発達を促進するという建前のもと、障害児教育は、障害を可能なかぎり軽減し克服することを目的として、今なお行われています。これに対して、障害をもつ当事者からは、障害児や障害者に対する差別ではないかという問題提起がなされてきました。というのも、「障害児の発達を促進する」という建前の背後には、なんでも独力でできるのがよいという価値観が潜んでいることに気づいたからです。こうして彼ら彼女らは、「なんでも独力でできるのがよい」という価値観を批判するのと同時に、障害児にとって、健常児から切り離したかたちでの教育は、かならずしも望ましくはないと主張してきたのです。

たしかに、独力でできることを無前提によいことだとする発達観はきわめて独善的で、この国における障害者運動が主張してきたように、そうした発達観には、「できない」子どもを、ひいては障害をもつ人びとを排除しても構わないとする考えが入り込んでいます。しかし、だからといって、発達という概念を捨て去るべきだとは私は考えません。というのも、発達という概念を、この社会における種々の関係性のなかでの発達として捉えなおすことで、新たな知見にたどりつく可能性があるからです。それによって、「他者への責任」に根差しながらも、「自由な主体」を形成するために必要な発達のあり方を提示できるかもしれません（「他者への責任」「自由な主体」に関しては、第4章第3節で議論を展開します）。その地点を目指して、この節ではまず、障害児教育に対してこの国の障害者運動が批判してきたことを再確認し、さらに探究を深めていきたいと考えています。[1]

## 「発達保障論」と「共生共育」

障害児教育には二つの大きな流れがあります。その一つが「発達保障論」という思想です。それは、どんな障害をもっている子どもでも、健康な子どもと同様に無限の発達の可能性をもっており、その発達を保障するための適切な環境整備を、権利として要求するという運動論をふまえたものです。発達保障論は、障害児の教育は健常児とは分けて行ったほうがいいという「分離教育」を正当化する際の根拠となっています。

もう一つの思想は、発達保障論に対して批判的で、「共生共育」と呼ばれることもあります。障害児と健常児を分けて教育するのでなく、ともに生活し、育ち合い、学び合うほうが望ましいとする思想です。これら二つの思想の対立は、政治上のそれにまで発展し、現在に至っています。

先述したように、日本の障害児教育は、分離教育を前提とし、学校教育法の改正により、二〇〇七年四月から、それまで「特殊教育」であったのが「特別支援教育」へと転換がなされました。

その際、思想的な支柱となったのが「発達保障論」です。その特徴として、次の二点を挙げることができます。

一つは、「発達」には正常（健全）なものとそうでないものがあると捉えていることで、もう一つは、障害児に「平均的な教育しか与えない」場合、正常な発達はほとんど望めないと考えていることです。このような観点から、障害児の「正常な発達」のためには「特別な教育」が必要であるとする発想が導き出されてくるのです。以上のことから私は、発達保障論は障害について、それは軽減され、克服されるべきものと捉えているのではないかと考えています。かつてほどではないにせよ、障害はないほうがよい、ないに越したことはないとする前提がどこかにあるのではないでしょうか。つまり、分離教育には、障害の有無によって人間の価値を測ろうとするところがあると私は思うのです。

こうした発達保障論に対して批判的な共生共育のほうが、私にとっては説得力があります。なぜなら、障害があるといった、ある種の人びとをあらかじめ排除して成り立つような教育は、根本のところで誤っていると考えるからです。このようにして排除される人たちが抱える心の痛みや悲しみを、多くの人が知ることもないまま進められる教育には致命的な欠陥があるのではないか。そう思うのです。そもそも、教育現場において、障害児と健常児とが切り離されてしまうということそれ自体が、この社会における障害者差別の写し鏡なのではないでしょうか。

それでは、共生共育のほうがよいと主張するとき、障害をもつ子どもへの個別支援をどう考えればいいのでしょうか。障害をもつ子どもそれぞれの、「特別な教育のニーズ」があることを考えれば、健常児とは分けて教育を行ったほうが、障害をもつ子どものためになるのではないか。そう考える方もいることでしょう。私もそれを否定しません。しかし、そのような場合、いかなる「個別支援」を行うのか、それはいかなる発達観に基づいているのかが問われなくてはならないでしょう。

子どもたちの障害を心身の疾病や失調であると捉え、それを「標準化」させるためのニーズを満たすのが個別支援であるとする議論もありますが、私はそうは考えません。障害の有無に関係なく、子どもは社会のなかで育っていく存在です。ですから私は、発達というものを、他者や社会との関係性のなかで捉え返す必要があると考えているのです。「何かがひとりでできるようになる」という意味での、個人の能力開発だけが発達ではありません。もちろんそれも大切ですが、それ以上に大切なものがあると私は主張したいのです。それこそが、社会のなかにおける関係性の発達なのです。

さてここで、分離教育と共生共育の違いを、発達という概念を軸にまとめておきます。分離教育における発達観は、障害をもつ子どもに照準しています。あくまで個人ベースなのです。その主眼は、障害をもつ子どもの身体的・知的・精神的な機能を望ましい方向へ変えていこうとする点にあります。もちろん、支障がなければ、普通学校あるいは普通学級での教育も否定されません。しかし分離教育において、障害とは個人の（病理的な）問題であるとの理解が前提にあるため、「変わるべきは、障害をもつその子」とされてしまうのです。

それに対して共生共育においては、「健常児から障害児を切り離す教育」、さらには「健常者から障害者を切り離す社会」こそが、批判の対象となります。もちろん、障害をもつ子どもに対する個別的な支援を否定してはいませんが、それを理由に障害をもつ子を分離するような教育は認められないと考えているのです。

先ほどから述べているように、基本的に私は、分離教育に批判的な共生共育を支持しています。発達という概念は、社会的な文脈から切り離せないものであり、それを個人的な問題であるかのように語る分離教育は、けっして科学的とはいえないと考えるからです。しかし教育は、被教育者に対して何らかの介入を行うわけですから——少なくとも私はそうあるべきだと考えています——、一人ひとりの子どもの「ありのままを認める」だけでは不十分で、一定の発達概念が必要です。であるなら、どのような介入であれば、「あるべき発達」を促すのでしょうか。この点について考察をする前に、「反発達」という考え方について検討してみたいと思います。

## 「反発達」論とは異なる道へ

発達概念に批判的な心理学者の山下恒男氏は、発達について、それは「完全な」状態へ近づくプロセスであるとしています。それでは、ここで言う「完全な」とは、一体どのような意味なのでしょうか。これについて山下氏は、次のように述べています。

「完全な」ということの一つの意味が「本来予定されている段階に行きつく」あるいはそれにそって進行する、ということであれば、もう一つの意味は、私たちみんなが期待している状態に近づいてくるということである。（山下恒男『反発達論』現代書館、一九七七年、九頁）

山下氏にとって発達とは、二つに大別できるものです。一つは、「子どもの内から湧きでてくるように思われるもの、つまり自然の摂理とか、神の摂理とかいった眼でみられる、内発的なもの」です。もう一つは、「子どもが私たちオトナの側に近づいてくること」です。後者の場合、「歩みの遅い子には引っぱったり押したりして、無理矢理にでも私たちの所までこさせようと」（前掲書、一〇頁）します。前者の場合においても、「神秘的な力を感じて畏怖するというのではなく、利用しようという発想こそが現在の私たちなのではないかと」（前掲書、一一頁）述べています。

以上のことからわかる通り、山下氏が批判する発達概念においては、子どもに働きかける大人や社会の都合によって、子どもとの一方的な関係性がつくられていきます。ここで言う「大人や社会の都合」とは、「オトナの望む「生産物」にしたてあげようという発想」のことです（前掲書、一一頁）。つまり山下氏は、「内発的な」発達によって「いつのまにか、共に育ってしまった」（前掲書、一一頁）面は肯定的に評価するのですが、「歩みの遅い子には引っぱったり押したりして、無理矢理にでも私たちの所までこさせようと」することには批判的なのです。

反発達論を展開する山下氏は、次のように述べています。

> 私たちは「悪い」発達のかわりに「良い」発達を、「悪い」労働のかわりに「良い」労働を求めているのではないのだ。そのようなものを求めるのは、本質的解決にならないだけでなく、もともとないものねだりなのである。／私たちの目的は発達、労働、遊びなどの諸概念の解消である。「発達」を否定したからといって、個人の可能性（いかなる可能性かが問題なのだが）の発揮、子どもがオトナになっていくということを否定するものではない。また、「労働」を否定したからといって、食物を食べる存在としての人間を否定するわけではない。
> （前掲書、三二頁）

「これはたんなる言葉の遊びではな」く、「生産性の拡大による「進歩」という信仰を否定することによって、個体の「発達」や「労働」、「遊び」という概念が必然的に無用のものとなってゆくということである」と山下氏は述べています（前掲書、三三頁）。「私たち「文明人」が「未開人」をみるときのみかたにも、「進歩」や「労働」や「発達」という視点からしかみれない、おしつけがましさがよみとられる」と述べてもいます（前掲書、三二頁）。山下氏による発達批判は、一方で「生産性」批判に、他方で「西洋帝国主義」批判に帰着します。いずれも、きわめて現代的な論点であり、こうした意味において山下氏の問題提起は時代を先取りしていたとも言えるでしょう。

そうした発達概念に対抗するものとして、山下氏は「反発達」を押し立てるわけですが、それでは発達概念は、もはや廃棄されなくてはならないのでしょうか。発達概念を完全に拒否したとき、次のような言葉はどう映るのでしょうか。

できん者はできんままで結構。戦後五十年、落ちこぼれの底辺を上げることにばかり注いできた労力を、できる者を限りなく伸ばすことに振り向ける。百人に一人でいい、やがて彼らが国を引っ張っていきます。限りなくできない非才、無才には、せめて実直な精神だけを養っておいてもらえばいいんです。（斎藤貴男『機会不平等』文春文庫、二〇〇四年、四九頁）

これは、教育課程審議会会長を務めた三浦朱門氏の、「ゆとり教育」にかんする発言です。「内発的な」発達だけを肯定していたら、言い換えれば、「歩みの遅い子」も「そのままでよい」という「ありのままの生の肯定」をよしとするだけでは、三浦氏に代表される「社会ダーウィニズム」的な教育改革（前掲書、五三頁）を批判する根拠を失ってしまうのではないでしょうか。「ありのままの生を肯定する」というアプローチだけでは、物事を批判的に吟味したり、世の中の出来事を理解したりする能力を身につけさせる契機がうまく生まれてこないのです。だからといって、民主主義を否定するような流れに加担するわけにはいきません。そうなると、「生の無条件の肯定」という大前提に立ちながらも、「ありのままの生の肯定」だけでは足りないということになります。ですから私としては、発達概念に問題があるのは承知しつつも、山下氏が提示する「反発達」――発達を「自然」と「強制」に分け、後者を批判するやり方――とは別の道を探ろうとしているのです。言いかえれば私は、山下氏が発達を論じる際に用いる「内発的／外部からの強制」という二分法を問題にしているのです。

## 「私と異なる存在との出会い」としての発達

私自身は「あるべき発達」について、次のようなイメージをもっています。すなわち、「自分と異なる存在と出会い、あるいは出会い損ねながら、世界を感受していくそのプロセス」が発達であると考えたいのです。この観点からすれば、こうした出会いを妨げる制度や価値観は、発達を阻害する要因であるということになります。

ここで言う「世界を感受する」とは、その人をめぐる諸力や、その人に対する働きかけを無抵抗かつ無批判に受け入れるということではありません。そうではなく、「この世界には自分とは異質な生が存在していることを知ること」なのです。そのような出会いによって、世界のあり方やある種の価値観に対して異議申し立てをすることになるかもしれません。しかし、私のイメージでは、それも含めて発達なのです。私からすれば教育も、その意味での発達を助けるものでなければなりません。もちろん「出会い」は、自然に起こる場合もあります。しかし、子どもたちが発達する過程では、「自分とは異質な生」がこの世界には存在していることを知らしめる必要があるのではないか。私はそう考えるのです。

言い方を変えるなら、それは「自分とは異質な生」の存在を無条件に肯定できるようになるプロセスとして捉えることもできるでしょう。私たちは、何らかの共通点があるとき、あるいは共通点をつくって、他者とつながり合おうとします。そうした営為を私はまったく否定しませんし、否定すべきだとも思いません。ただ、それだけでは、「自分とは異質な生」を排除することが正当化されてしまうのではないかと思うのです。別言するなら、「この世に生を享けた存在である」という、ただその一点でのみ、つながり合いを希求していくということ、生きとし生けるものはすべて、それと無関係ではあり得ないような、そんな「つながり」を探求する過程こそ、発達なのではないかと思うのです。

このような観点に立つならば、発達に成功したか否か、どの段階まで発達したのか、発達の完成形とは何かといった問い自体が意味をなさなくなるはずです。なぜなら私たちは、たとえ親友であろうと、家族であろうと、「自分とは異質な生」の存在について、完全に知ることなどできないからです。発達をめぐって、いくらテストをしても、単純に計測できるものでないことは言うまでもありません。

しかしながら、「世界の感受」の体験は、純粋な意味での「世界の感受」ではありません。なぜなら私たちは、すでに何らかの物の見方を身につけており、それによって「世界」を経験し、解釈しているからです。だからこそ、自分がいかなる視点で世界と接しているのか、自覚的であったほうがいいのですし、こうした点に関する相互批判の場も必要になるでしょう。究極的には、以上のようなことを可能にする場を用意することこそが、教育が目指すべきことではないでしょうか。

私が考える「発達」において、目指すべき目標をリスト化することは原理的に不可能です。なぜなら、「自分とは異質な生」とどのように出会うのか、事前に予測することは不可能だからです。もちろん、きょうだいであれ、友人であれ、「自分とは異質な生」です。そうした親しい間柄にある存在は、「自分とは異質な生」であるとはいえ、すでに了解可能な存在です。もし、そのような存在ばかりを前提にしてしまったら、根源的な意味で「自分とは異質な生」と出会ったときに、そのような存在を排除してもかまわないとする根拠を与えてしまいかねません。こうしたなかで、私たちにできるのは、「完全な予測は不可能である」という前提に立ちながら、「自分とは異質な生」と出会うかもしれないということを「想像」することではないでしょうか。

そうであるなら、教育にできるのは、ここで言う「想像」の範囲を広げる手助けをすることと、「自分とは異質な生」に対する基本的な態度のあり方を教えることぐらいでしょう。しかし、それこそが、共生へと向かう教育の、あるべき姿ではないかと思うのです。「自分とは異なる存在を、それ自体として無条件に肯定する」こと、「〈同質性〉や〈了解可能性〉の有無を、排除の理由にしない」こと。教育の場において、この二つのことを、生き方として伝えることで、私のイメージする「発達」は担保されるのではないでしょうか。そのようにして、子どもが「世界を感受する力」を伸ばしてやることで、子どもの世界は広がっていくはずですし、それこそが、本来目指されるべきことではないでしょうか。

こうした観点からすれば、一人ひとりの子どもに照準し、その発達を促すことだけでなく、この社会における人と人のつながり方をも視野に入れねばならないことは言うまでもありません。発達に関して真に問題とすべきは、子どもたちが、「自分と異なる存在と出会い、あるいは出会い損ねながら、世界を感受していくそのプロセス」を、いかにして支えていくかということです。言い換えれば、子どもの身体的・知的・精神的な機能を、望ましい方向へ導こうとする従来の発達観から、この社会における人と人とのつながり方を軸とする発達観へと転換することが大切なのです。そこで次に、「人と人とのつながり方を軸とする発達」のために求められる社会のあり方について考察したいと思います。

### 教育の本来的な目的とは何か?

教育とは、人間を社会化させる上で必要なものだと私は考えています。しかし、それを行う場所は制度化されたフォーマルな学校でなくても構いませんし、決まった年齢に達したらそこに通わなくてはならないとも考えていません。もちろん、そういった決まりがあれば便利なこともあるかもしれませんが、それは技術的な問題です。決まった年齢の人たちが、決まった場所にやってきて、所定のカリキュラムをこなすことは、教育の必要条件ではありません。むしろそれは、教育と管理を結びつけてしまうような考え方であって、私が考える教育のあり方とは逆方向へ行ってしまいます。

発達とは、真の意味において「大人にさせること」だと私は考えています。私の考えでは「大人」とは、「自分とは異なる存在との出会いに対する責任を自覚しながら行動できる人」のことです。その限りにおいて、その人の行為が反社会的であろうと非社会的であろうと、別にかまいません。この社会の規則や規範に逆らおうが逸脱しようが、それだけで咎められることはないと私は考えます。

教育とは本来、「自分とは異なる存在との出会いに対する責任」を――障害児に対してであれ健常児に対してであれ――教えることだと私は思うのです。私たちは、自然に「大人」になるわけではありません。この社会に目をやれば、そのことは明らかでしょう。年齢的には十分、大人でありながら、「大人」でないような人たちは、子どもたちに対して、「自分とは異なる存在との出会いに対する責任」を教えようとしていません。問題は明らかに、教育だけにあるのではありません。この社会が、いかなることに価値を置き、いかなる方向へ進もうとしているのかが問われているのです。

責任とは、「自分とは異なる存在」との呼応関係によって成立するものです。「根源的に他者とは異なる存在」である自らの生は、他者から肯定されることによって、「自分とは異なる存在」と、「責任」に基づく関係によって結ばれるのではないでしょうか。ところが分離教育においてそうした関係を築くことは、障害児にとっても健常児にとっても、難しくなります。というのも、健常児から障害児を切り離して教育が行われるため、少なくとも障害の有無という点では、同世代の「自分とは異なる存在」と出会う機会がありません。その意味で分離教育は、「自分とは異なる存在」をあらかじめ排除したこの社会の基本構造を写し鏡にして構築された教育制度であると言わざるを得ないのです。

好むと好まざるとにかかわらず、「自分とは異なる存在との出会い」を軸にしないかぎり、お互いがお互いを支え合うような社会は成立し得ないと私は考えています。言い換えれば、そうした「出会い」を軸とする社会の構築こそが、人間が人間であることを担保すると私は考えているのです。私たちが自由であるためには、そのような社会であることが必要です。裏を返せば、「自分とは異なる存在と向き合える社会」においてはじめて、一人ひとりの自由は実現され、自由な「主体」も形成されていく（ここで言う「自由」「主体」に関しても、第4章第3節以降で再論します）。そう私は考えています。そして教育の目的は、このような「主体」を形成する点にあると思うのです。

次章で改めて議論をしますが、「誰か／何かが犠牲になるような社会」を正当化したり許容したり、仕方がないとするような思考は、私たちの自由を根源的に奪っていきます。「犠牲になっても仕方がない／かまわない生命」があるという前提が置かれるとき、必ずそこには「犠牲になってはいけない生命」というカテゴリーが浮かび上がってきます。そのような生命は、尊い存在として扱われますが、それに対して「犠牲になっても仕方がない／かまわない生命」は、「犠牲をいとわない生命」としてしか尊重されません。つまり、「犠牲」を許容するような思考においては、このような生命の序列がすでに埋め込まれているのです。

障害児教育それ自体が、障害をもつ子どもを、その障害ゆえに選別し、排除する側面をもっている以上、自由な「主体」を形成するような、上述したような教育の目的とは相容れません。もちろん、教育の現場においては、一人ひとりの障害に合わせて教育をしなければいけない場面もあることでしょう。しかし、そこに留まっているかぎり、一人ひとりの子どもが特別であり、個別の配慮をしていくという実践しか導けないのではないでしょうか。

私がここで言いたいのは、障害児も普通学校で学べるようにすべきだとか、不登校の子どもを無理やり登校させてはならないといったことではありません。もちろん、いまの教育のあり方に対して、そのような異議申し立てをしている方々もおられ、私はその方々に対して尊敬の念を抱いてもいます。しかし、そのような方々の頑張りに寄りかかって、負担を押しつけるようなこの社会は、公正な社会とは言い難いのではないでしょうか。私が問題にしているのは、個別の問題ではなく、個々人に「犠牲」を押しつけておきながら、それを見えにくくさせているこの社会のあり方なのです。普通学級に行くか特別支援学校に行くか、学校に行くかどうかといった個別の

「選択」――この社会が不可疑の前提となっているという意味で、真の選択とは言い難いと私は考えます――が問題なのではなく、「選択」がままならない状況を生み出してしまうこの社会のあり方こそが、個々人に「犠牲」を強いると同時に、その構造を見えにくくさせているのです。

1――なお、本節は拙論(野崎泰伸「分離教育か共生共育かという対立を越えて――「発達」概念の再検討」『立命館人間科学研究』第21号、二〇一〇年七月、二五-四一頁)を大幅に修正したものです。

# 第4章

# 倫理学の再構築

## 1　トリアージ問題

ようやく最終章にたどり着きました。

第1章では、私が提唱する「生の無条件の肯定」とはいかなるものかを論じ、その対極にある思想として功利主義を取り上げ、これを批判的に検討しました。その上で、本書のテーマである「犠牲」について、その輪郭を浮かび上がらせたのでした。

第2章では、「他者と共に豊かに生きられる、犠牲なき社会を目指す」ことこそ、倫理であると述べた上で、ここで言う「他者」とは誰のことかという、メンバーシップの問題について議論しました。さらにこの章では、「豊かさ」とは何かについても考察を加えたのでした。

そして第3章では、「障害者の問題を、犠牲の問題として捉える」ことに力点を置いて議論を展開しました。そこで私が強調したかったのは、この社会において障害者は、「犠牲の構造に捨て置かれている」ということです。そのことを明らかにすべく、「障害者の出生」、「安楽死と尊厳死」、「障害児教育」という三つの問題領域を取り上げ、「障害者を犠牲の構造に巻き込むこの社会のあり方」について論じたのでした。

そうした議論を踏まえて、この章で私は、倫理学の再構築を行っていきたいと思います。そのためにはまず、与えられた条件下で最善の行為を考えることと、正義が実現されずにいる社会の変革とを区別しなければなりません。『生を肯定する倫理へ――障害学の視点から』で私は、前者を「処世術」と呼び、後者を「倫理」と呼びました。

「究極の選択」に追い込まれたときにせざるを得ない「決定」とは、「処世術」なのであって、「倫理」ではない。そのような場面において、倫理学は何ら効果を発揮しない。倫理はもっと手前において思考されるべきものなのである。（野崎泰伸『生を肯定する倫理へ――障害学の視点から』二〇二頁）

このことをより明確にするために、本章ではまずトリアージ問題を、次いで「追い込まれた人たち」のことを取り上げ、考察を加えていきたいと思います。そこでは「自由」や「主体」「責任」といった概念が検討に付されます。それによって、私の考える倫理や倫理学が、いっそう明瞭になると考えるからです。

## トリアージとはなにか

（災害）トリアージとは、被災地において、医療資源や救助に必要な人的資源を、どのように配置するかを決める際の指針のことです。言い換えればそれは、「真っ先に傷病者の救命のために、医療資源や被災状況を前提に重症度や緊急度にしたがった傷病者の選別」（山本保博・鵜飼卓監修、国際災害研究会編『トリアージ――その意義と実際』荘道社、一九九九年、七頁）のことです。つまり、「限られた人的・物的資源の状況下」で、「最大多数の傷病者に最善の医療を施すため」に、治療をする優先順位を、傷病者の状態によって決めるための指針が、トリアージなのです（前掲書、八頁）。つまり、トリアージとは、「災害現場という混乱とあらゆる資源が不足した特殊な状況下で、傷病者の救命、治療に最大限の効率と効果を発揮するためのシステム」（前掲書、一一頁）なのです。

トリアージに基づけば、軽傷者と救命不可能な超重傷者は治療対象から外されます。ただちに処置しなければ生命に危険が生じる者を優先的に治療し、それに次いで、少し時間を置いても生命に危険が生じない者の治療を行います（前掲書、八頁）。その際、「生命は四肢に優先し、四肢は機能に優先し、機能は美容に優先させることが原則」（前掲書、一〇頁）です。

つまり、災害現場において、もっとも優先されるべきは被災者の生命で、次いで四肢の欠損や損傷をこうむった人が治療対象となるわけです。そのような人は、手足がうまく動かせないなど、身体「機能」が損なわれている人よりも優先されます。被災地では、倒壊した家屋の下敷きになったりして、身体の一部が歪んでしまうことがありますが、そうした人よりも、手足をうまく動かせないといった、身体「機能」が損なわれた人が優先されます。さらにトリアージにおいては、子どもや女性、高齢者、障害者、貧困者といった災害弱者を優先するよう意識しなければなりません（前掲書、一〇頁）。

このような考え方は、まさしく「生命の選別システム」ではないでしょうか。もし、そうであるとするなら、私にはそれは、けっして容認できるものではありません。そこで以下、このトリアージについて、さらに検討を深めていきたいと思います。

## 「トリアージは倫理的に容認し得るか」という問い

たとえば、瀕死の患者が複数いるにもかかわらず、医師は一人しかいなかったとします。その際、すぐに治療に取り掛かることで、一命をとりとめることができるような、緊急度の高い患者から治療していったとして、それは非難されるべきことでしょうか。もちろん、トリアージ通りにできない場合もあるでしょうし、そもそも、トリアージが依拠する判断基準が妥当かどうかという問題もあり得るでしょう。しかし、それについては、その都度検討すれば済むわけで、トリアージそれ自体を容認し得るかどうかとは別問題です。先の事例において、どの患者を優先的に治療するか選別を行っても、民事あるいは刑事責任を問われることはありません。しかも、トリアージを実施したほうが、そうでない場合よりも、患者がこうむる不利益は小さくなるはずです。であるならば、災害時にトリアージを実施することには、一定の理があると考えられます（前掲書、一一七頁）。

こうした次第で、災害時において、トリアージに基づいて、「重症度や緊急度にしたがった傷病者の選別」を行うことは、容認するほかないと思われます。瀕死の状態にある人の生命を存続させ、その生の質を高めようとするのが医学であるなら——私はそう思うのですが——、少しでも助かる可能性のある人に医療資源を投入することは容認されてよいのではないでしょうか。即死した人を生き返らせようとして、瀕死の人まで死なせてしまった医師がいたとすれば、私たちはその医師の判断をけっして容認しないでしょう。もちろん、治療を行ったからといって、瀕死の重傷を負った人が死なずに済むとはかぎりません。しかし、少しでも生き延びる可能性があるなら、トリアージの方針にのっとって、即死状態の人は見捨てて、瀕死の傷病者の治療を優先させたとしても、それは認めざるを得ないと私は思うのです。

災害現場では、どれだけ尽力しようと、人命が失われてしまうことがあります。一瞬の判断が生死を左右するような、そうした現場では、倫理を問ういとまなどないかもしれません。第1章第2節で私は、次のように述べました。「「生の無条件の肯定」という思想に基づく倫理は、「現実」という前提から疑います。もちろん私たちは、そうした現実を前提にしなければ、行為の選択もできません。ですから、「生の無条件の肯定」から導かれる倫理は、行為の正当性という意味においては、まったく無力です」。災害現場においては、何が生死をわかつのかが予測し難いような、ある意味、極限状態ですから、トリアージに基づくそこでの行動が倫理的か否かを問うこと自体が意味をなさなくなるのです。

ですから私は、トリアージについて、緊急時における一つの対応の仕方として容認し、その精度を上げていくことを肯定する一方で、トリアージというものを、倫理的に認め得るかどうかについては、そうした問いそれ自体が意味をなさないと考えているのです。一刻の猶予も許されないような災害現場においては、倫理など問い得ないのです。

## 「一つの対応の仕方」として容認するのは欺瞞か?

トリアージについて、緊急時における一つの対応の仕方としては容認する一方で、それが倫理的であるか否かは問い得ないとする私の立場は、一見奇妙に思えるかもしれません。「生の無条件の肯定」という立場を貫くなら、トリアージを認めてはならないはずなのに、「緊急時における一つの対応の仕方」として容認するという私の立場は欺瞞だと思われるかもしれません。以下、これについて考えてみたいと思います。

目の前の現実が正義にかなっていようがいまいが、その現実に対応し、判断し、行動しなければならないような緊急事態が生じることは少なくありません。こうした場合でも、必ずそこには所与の条件が存在しています。「緊急時における一つの対応の仕方」としてのトリアージは、「所与の条件」たる災害現場における、よりよき選択肢の一つなのです。

もちろん、「所与の条件」をなす眼前の現実が、正義にかなっているかどうかは別途、問われなくてはいけません。「緊急時における一つの対応の仕方」として、それがどれだけ実行可能性があるのかという問いとは別次元の話なのです。そうした議論とは別に、その現実が正義にかなっているかどうかの判断をすることは可能です。その際の根拠となるのが、「生の無条件の肯定」という倫理なのです。災害発生時に行われるトリアージは容認し得るし、それが実行される以上、より精度を上げていく必要があるわけですが、そうした行為にとって「所与の条件」をなす現実が、正義にかなっているかどうかは問われなければならないし、その適否は、「生の無条件の肯定」という倫理的な観点から判断し得るのです。[1]

　以上のことから私は、「所与の条件」をなす現実を前提にし、そこでの「よりよき行為」を問うことと、そうした「所与の条件」をなす現実それ自体を、正義の観点に照らして問うことを区別して考えることは欺瞞ではないと考えています。

　もちろん、緊急事態でもないのに、私たちの生命がその質によって選別されるような状況があるとすれば、それは問題です。私はそれを「擬似トリアージ」と呼んでいますが、出生時や就学時における障害児の生の選別や、安楽死・尊厳死における生の選別は、その一例です。社会制度を変革することで、これらの問題の大半は解消できるのにもかかわらず、それがなされないまま、現場での「自己決定」に委ねてしまうとすれば――実際、そうなっていると私は考えます――、それは社会が担うべき責任を個人に押しつけていると言うほかありません。本来なら、社会の問題として解決しなければならないことを個人に押しつけて済ませているのです。これと同様のことは、福祉全般にわたって見出せますし、労働を含め、この社会のあらゆる場面で見て取ることができます。この問題については、後ほど考えてみたいと思います。

## 真に問うべきは非被災者の行為である

災害現場にあっては、医療資源も人手も不足しています。救助に必要な資源が一人分しかなければ、二人以上を救うことはできません。その際、誰を助けるかは、現場の判断に任せるしかありません。いかなる判断も、救助の対象になった一人以外は死なせることになりますから、そのような選択に正当な根拠はないはずです。しかし、救助されたその人へ適切な治療を行えば死ぬことはなく、救助を要する他の人びとの身体的ダメージがさほど深刻なものでなかったならば、トリアージが推奨するように、「重症度や緊急度」によって誰を優先的に救助するかを決めることには意味があると言えるでしょう。

災害現場では、「混乱とあらゆる資源が不足した特殊な状況」（国際災害研究会編前掲書、一一頁）となるわけですから、そこでできることには限度があります。『トリアージ』によれば、「災害は傷病者だけではなくその家族や地域全体が受け止めるべき出来事であり、被災傷病者の一刻も早い社会復帰は被災地域が復興するために欠くことのできない大切な条件」（前掲書、一一頁）なのです。たしかにそうですが、その上で私が思うのは、そのような災害を「受け止めるべき」は、「（傷病者の）家族や地域全体」だけではないだろう、ということです。もうひとつ言えば、いかなる状態であれば「社会復帰」したと言えるのかは議論の余地があると思います。先の一文は、災害を被災地域と被災者だけの問題にしていますが、それだけの問題ではないと私は考えます。つまり、災害発生時に倫理の問題として問われるべきは、緊急事態に見舞われている現地での「対応」の仕方ではなく、被災地の外側にいる人たちなのです。少なくとも私はそう考えています。

被災地の外側にいる非被災者が、被災地のことを他人事として済ませてしまうとすれば、それこそが非倫理的なのです。それによって、被災地への支援体制のあり方も変わってくるわけですから、非被災者が冷淡な態度をとることで、被災地における「所与の条件」が、きわめて制限されたものとなりかねません。したがって、私たちが問うべきなのは、トリアージが倫理的であるかどうかではなく、非被災者が、どれだけ多くの医療資源、人的資源を送り届けることができるのか、ということなのです。言い換えれば、前者の問いは偽の問いであって、後者の問いこそ、真の問いにほかなりません。

そうは言っても、非被災者にできることにも限度があります。すぐに思いつくのは、被災地のために寄付をしたり、薬を送ったり、ボランティアに行くことぐらいです。しかし、医療資源や人的資源が足りないために、瀕死の人を救えない状況があるとすれば、そうした支援も、十分役に立つはずです。トリアージに基づけば、「重症度や緊急度」にしたがって、「傷病者の選別」が行われるわけですが、その際、「緊急度」のほうは、「どれだけ多くの医療資源、人的資源」があるかで大きく違ってきます。だとすれば非被災者は、少しでも「緊急度」を低減させるべく行動することが、倫理にかなった行動だと言えるのではないでしょうか。言い換えれば、災害現場のただ中で「対応」に追われる人びとの行動について、それが倫理的か否かを問うのは不可能であり、偽の問いなのであって、真に問うべきは、非被災者が、被災地の抱える「所与の条件」を改善すべく、いかに行動したかなのです。

注

1――「緊急時における一つの対応の仕方」と倫理との区別は、R・M・ヘアが言うような直観的レベルと批判的レベルとの区別(野崎前掲書、七二―七五頁)と同じものではありません。ヘアの言う直観的レベルも批判的レベルも、それが行為を指示するものであるかぎり、私の議論で言う「対応の仕方」に関するものです。「所与の条件」をなす現実を前提とし、そこでの「よりよい行為」「より正しい行為」を判断するという問題――ヘアが問題にしているのはこの水準です――と、「所与の条件」をなす現実それ自体が正義にかなっているかどうかは次元の異なる話なのです。

## 2　人を追い込むこの社会と追い込まれている人たち

極限状態にまで追い込まれた人たちが、自分がどうしたいのかすら分からなくなったとしても、全く不思議ではありません。深い悩みに落ち込んでしまい、悩むことそれ自体からもう解放されたいと、「死を選ぶ」人もいることでしょう。

こうした状況にあって、多くの人は、誰かから「こうすればよい、こうすれば楽になる、こうするのが正しい」と指図を受けたくなるかもしれません。であるなら、私たちは、そのような苦境にある人びとに対して、その人たちの立場に立って、何をどうすればいいのか、答えてあげる必要があるのではないか、少なくとも当事者たちは、それを望んでいるのではないか――。それが、この節で考えたいテーマです。

先に私は「追い込まれた人たち」という書き方をしました。それは、この社会を生きるなかで、仕事や人間関係などによって苦しい状況に追い込まれた人のことを指しています。場合によっては、自分が追い込まれていることにすら気づけない、気づかせてもらえないこともあります。それだけでなく、苦しい状況に追い込まれた当事者が、いくら「追い込まれている」と抵抗の声を上げても、多くの場合、その声は受け止めてもらえません。社会の側が、抵抗の声として聴き取っていないのです。ですから、いくら声を張り上げようと、社会の側が変わらなければ、その声を受け止めてもらうことは期待できません。つまり、追い込まれている側の、声の上げ方の問題ではないのです。言い方を変えるなら、追い込まれている当事者は、自らの権利として「追い込まれている」という声を発するのであり、社会の側はそれを「聞いてやる」のでなく、聴く義務があるのです。

使い古された比喩ではありますが、誰かが別の誰かに足を踏まれた状況を考えてみてください。足を踏まれたその人にとって、そのこと自体が生きづらい状況と言っていいでしょう。ですから、「足を踏むのをやめろ」と叫ぶかもしれませんし、「お願いだから足を踏まないでください」と懇願するかもしれません。あるいは相手のことが怖くて、声も上げられないかもしれません。私が言いたいのは、その人の声の上げ方や声の有無によって、その状態が解消されるべきかどうかが判断されてはならない、ということなのです。こうした状況それ自体が正義にかなっていません。ですから、その人にとって、踏まれていない状態への回復は、保障されるべき権利なのです。この比喩からも分かるように、追い込まれている側は、その状態が解消されるよう保障される権利を有するのであり、社会の側には、そうした訴えを聴く義務があるのです。さらに言えば、足を踏んでいる側にしても、誰か／何かに脅かされて、そうせざるを得なくなっているのかもしれません。つまり、私たちの社会で頻発する「共倒れ」を防ぐには、「追い込まれている」当事者のみならず、その背景にまで視野を広げて問題化する必要があるのです。

つけ加えるなら、誰がいちばん追い込まれているのかを問うことに、意味はありません。ひと言で「追い込まれている」といっても、そのあり方は、一人ひとり異なっています。もちろん、程度の違いはあるでしょうが、だからと言って、「Aという人の追い込まれ具合は、Bという人のそれと比べればまだマシだ」と言うことはできません。「誰がいちばん追い込まれているのか」という問いは、一見、何の問題もないようで、実のところそれは、「それほど追い込まれていないなら、その人を助ける必要はない」という切り捨てを正当化してしまうのではないでしょうか。それでは結局、その人を「追い込んでいる」側を利することにしかなりません。

私たちが抱える〈生きづらさ〉は、多くの場合、人間と人間、あるいは人間と社会との関係に起因しています。したがって、ある人にとっての〈生きづらさ〉が、制度的な問題から生じたのでなかったとしても、原理的には社会を問題化することによって、その人の〈生きづらさ〉が軽減される可能性があるのです。

たとえば、人間関係がうまく行かなくて失調を来してしまったとします。その状態で生きていくのは、多くの場合、並大抵のことではありません。状態が悪化すれば、自殺念慮にさいなまれることもあるでしょう。しかし、社会制度が改善され、それが利用できるようになれば、その人の生活環境も改善され、多少なりとも負担が軽減されるはずです。そうなれば、より不安のない環境で、自らの失調と向き合い、回復への道を歩んでいけるのではないでしょうか。

## 支援を得ながら自分で決めるということ

さて、ここからは、何らかの理由で「追い込まれている」人は、「こうすればよい、こうすれば楽になる、こうするのが正しい」という指図を本当に求めているのか、について考えていきたいと思います。

どのように追い込まれたのかにもよるでしょうが、苦しい状況に落ち込んだとき、どう振る舞ったらいいのか、何をすればいいのかを、誰かに決めてもらったほうが楽な場合があることを私は否定しません。アドバイスをする側にしても、追い込まれている当人がそれで楽になり、また、それによってその人から過剰に寄りかかられずに済むなら、悪いことはないかもしれません。人によってはそれを「短絡的だ」として批判するかもしれませんが、それが、当事者を楽にするのであれば、つらい状況を切り抜けるための一つの技法として認められてしかるべきではないでしょうか。ですから私は、苦しい状況に追い込まれている人に対して、「こうすればよい」と指図をすること自体を否定することはないと考えているのです。

苦しい状況に追い込まれている人は、自分が何をすればいいのか、どんなことができるのかが分からなくなっている可能性があります。そうであるなら、アドバイスをする側は、思いつくかぎりの選択肢を示したり、その人のそれまでの生き方に寄り添いながら、これからどうすればいいのかを、ともに考えるといったことができるのではないでしょうか。本人にとって必要な――何が本当に「必要」なのかは、周囲の人間にも分かりませんが――サポートを提供しつつ、これからどうするかを当人に決めてもらうということは可能です。ただし、それにはいくつかの条件があります。

支援者がよかれと思って「支援」を行っても、それが、追い込まれている人をさらに追い込んでしまうことがあります。その場合、できるだけ速やかに軌道修正をし、当人のニーズに寄り添いながら、「支援者の責任」のもと、他の選択肢を示すか、ひとまず何もしないといった対応が必要です。「支援者の責任」と書きましたが、これは軽々しい気持ちで述べたわけではありません。というのは、「他の選択肢を示すか、ひとまず何もしないといった対応」をすることによって、「追い込まれている人」が自らの命を絶ってしまうかもしれないからです。それでも責任が取れるのか――。「支援」を行うということは、場合によってはそうした事態を引き起こしかねないということを、支援者は肝に銘じておく必要があると思います。

苦しい状況に追い込まれている人は、何をすればいいのか、自分ではよく分からなくなっています。こうしたなかで支援者が、「この選択肢の中から、何をするか自分で決めなさい」と促すことは暴力的なことです。はっきり言えば、暴力に加担する行為です。しかしながら私たちは、「何もしない」ということも含めて、「所与の条件」のもとで、どうするかを決めなくてはなりません。だからこそ私は、そのようにして追い込まれた人が身を置く「所与の条件」を、すなわち現実それ自体を問う必要があると考えるのです。そうであるとして、苦しい状況に追い込まれた人が、自ら選んだ行為――法に触れる場合もあるかもしれません――について、どう考えたらいいのでしょうか。

## 「追い込まれた人」の犯罪をどう考えるか

たとえば、苦しい状況に追い込まれた人が、追い込んでいる側の人を、やむにやまれず殺してしまったとします。このとき私たちは、この殺害行為をどう考えればいいのでしょうか。

殺人は生者の生きる可能性を、生それ自体を奪い去る行為であり、けっして許すことはできません。それを踏まえたうえで、次のように考えることはできないでしょうか。殺人を犯してしまった人は、この社会において、追い込まれていたのでした。だからといって、殺人は許されると言いたいのではありません。ここは誤解しないでください。先に述べたように、殺人それ自体はけっして許されることではありません。ここで私が問いたいのは、追い詰められていたその人に殺人を犯させるまで、さらに追い込んでしまったこの社会のことを問わずして、その人だけを断罪する権利がいったい私たちにあるのか、ということなのです。もしかするとその人は、「支援者」が介入してきたために、殺人を犯してしまったのかもしれません。その場合、この社会の責任のみならず、その「支援者」の責任──「支援の失敗」という位相において──をも問わなければなりません。

私のこの議論に対して、次のような反論をする方がいるかもしれません。すなわち、「いくら追い詰められても、人を殺めない人だっている。いや、そういう人が大半だろう。したがって、追い込まれたからといって、人殺しをしていいわけがない」と。しかしそれは、次のような理由で反論になっていません。

第一に、「いくら追い詰められても、大半の人は人殺しをしていない」という事実から、「人殺しはいけない」という規範を導くことはできないという理由で。追い込められても人殺しをしないのは、それができる状況にないからかもしれません。あるいは、警察に捕まりたくないからかもしれません。殺人は「生者の生きる可能性を、生それ自体を奪い去る行為」なので、やってはいけないと思っている可能性だってあります。あるいは殺意がありつつも、自分を追い込んだ相手に対して、「お前も生きて、加害者責任に苛まれろ」という怨念を抱いているから、殺人を実行しないのかもしれません。つまり、「いくら追い詰められても、人殺しをしない」理由は種々あり得ると思うのです。裏を返せば、殺人などするはずがないと思っていても、何かの理由で追い込まれていったとき、ふとしたはずみで殺人を犯してしまうかもしれないのです。

なんども言うようですが、「追い込まれていれば、人殺しをしてもよい」と主張しているのではありません。命を奪う権利など、誰にもないはずです。しかし、追い込まれていなければ、人殺しなど夢にも思わなかったかもしれません。不遜きわまりない言い方になってしまいますが、追い込まれている人が人殺しをするか否かは紙一重の差でしかない、そう思うのです。何度も言うようですが、私には人殺しを擁護する気はまったくありません。

ただ一方で、やむにやまれず人殺しをしてしまうほど、その人のことをこの社会が追い詰めてしまったとすれば――そうした側面があると私は考えます――、そうした社会のあり方こそが問われなければならないと思うのです。追い込まれた人が、いかなる行為をするべきかを問うよりも、人が追い込まれないためにはどうすればいいかを考えるほうが先なのです。

少し横道にそれますが、その人の行為と、その人がいかなる意志の下でその行為をしたのかもまた、区別されなければならないと思います。同じ「選挙に行く」のでも、後援会に動員されたり、義務だからといって選挙に行くのと、自ら政治にかかわる意志をもち、議員への陳情や講演会の開催などを行うなかで、ある候補者を支持しているがゆえに選挙に行くのとでは、やはり違うと思うのです。「追い込まれる」ということは、ある状況において、いかなる行為をするのか、何がしたいのかを自らの意志で選択する主体を形成する機会が奪われている状態であると私は考えます。現にこの社会は、そうした機会を奪っているのです。この点については次節以降で再論します。

## 追い込まれた人は何でもする、としか言いようがない

さまざまな理由で追い込まれていった人は、どのような行動に出るものでしょうか。突き詰めればそれは人によりますし、状況によると言うしかありません。共通しているのは、いずれも、追い詰められていった末の、やむにやまれぬ行動だったということです。

より具体的に言えば、追い込まれた人同士で集まって、お互いの話を聴くなかで癒されていく人もいれば、追い込んだ側を恨み、破壊行動に出る人もいることでしょう。自傷行為に走る人もいれば、追い込んだ側の論理を内在化し、自覚的にせよ無自覚的にせよ、追い込まれている他人にさらなる追い打ちをかけ、追い込まれた側同士の分断をもたらすような人もいます。そしてその全てが、「追い込まれていて、これ以上もう我慢できない、楽になりたい」という切迫した気持ちでなされた行動だと考えられるのです。それによって実際に楽になれたかどうかは別にして、楽になりたいという思いは、共通して見出せるはずです。

同じ人物が、同時並行的に、あるいは時間差をともなって、複数の異なる行動を取ることもあります。はた目にはその行動は矛盾してもいるのですが、何とか楽になりたいという点で一貫し

ているように私には思えます。自傷行為にしても、ねじれた仕方ではあれ、自らの存在を確認し、肯定しようとしてなされる場合が少なくないということは、広く知られていることです。

追い込んだ側の論理を、追い込まれた側が内在化する場合、追い込まれているその人自身を否定することになるのではないかと思われるかもしれません。しかし、事態はそれほど単純ではありません。というのも、追い込む側の論理を内在化した人は、「自分よりもさらに追い込まれた、かわいそうな人」を探し始めるからです。それによって、自分が追い込まれていることを一瞬でも忘れようとするのです。「自分よりも追い込まれた人たち」を見下したり叩いたりすることで、自分という存在を何とか保とうとするわけです。障害をもつ人やその家族が優生思想を内面化してしまうことがありますが、それも、こうした心理が働いてのことだろうと私は考えます。

東京電力福島第一原発の近隣住民のあいだでは、放射能による汚染を甘受しつつその地にとどまる住民たちが、避難した人たちに対して「故郷を捨てた」などと非難し、被曝者同士で分断が起きています。しかし、地元にとどまる住民たちに対して、避難した人たちが非難するようなことは、ほとんどないようです。とすれば、地元にとどまる住民たちは、避難した人たちを責めることによって、自分がその地に残ることの正当性を得て、安心したいのではないでしょうか。被曝者同士でこのような対立や分断が生じているということは、とても悲しい現実です。

だからといって、障害をもつ人やその家族が優生思想を内面化させたり、地元にとどまる住民たちが、その地から避難した人たちを非難することで安心を得ようとすることを批判する権利が、私たちにあるのでしょうか。これらの人びとを批判してはならない、と言いたいのではありません。言うまでもなく、これらの人びとの行為は、他の人を踏みにじることによって、みずからの存在意義を確認しようとするものであり、とうてい容認することはできません。しかし、苦しい状況に追い込まれた人たちが、そうした言動を取らざるを得ないとすれば、そのように振る舞わなくても、みずからの生を肯定できるような社会を、言い換えれば、誰もが追い込まれずに済む社会を目指すべきではないでしょうか。苦しい状況に追い込まれた人たちの、そのような言動を批判するとすれば、それと同時に、そのような状況を作り出してしまった、この社会のあり方を根本的に批判しなければならないと思うのです。

## 分断をもたらすこの社会をこそ批判する

追い込まれた人の振る舞い方を問うよりも、その人を追い込んでいるこの社会のあり方そのものを問うほうが、より根本的な問題に迫ることができると私は考えています。追い込まれた人がみずから死を選んだり、他の人を追い詰めるような考えを抱いたり、自分を追い込んだ側を殺しにかかったりしないようにするには、追い込まれた人の振る舞い方だけを問題にしていてはいけないのです。

誰か／何かを追い込んでいくこの社会は、私たちを、追い込む側と追い込まれる側とに分断するだけでなく、追い込む側の論理を、追い込まれている側に内面化することによって、追い込まれる側をさらに分断していきます。ですから、障害をもつ人であればみな、障害をもつ人への差別に反対というわけではありません。障害をもつ人自身が、「障害者であれば差別されても仕方がない」と思い込まされ、障害をもつ他の人のみならず、自分自身をもそうした眼差しで見てしまうことがあるのです。この社会にとってそれは好都合であるということも、指摘しておかなければなりません。なぜなら、「障害をもつ人は、障害があるがゆえに劣っている」と当事者に思い込ませておけば、そう思わせている社会が問われることはないからです。しかも、追い込まれた側は勝手に分裂していきます。そのようにして、抵抗の声を上げる契機が失われていくのです。「誰もが追い込まれずに済む社会」を目指すということは、このような分断を絶対に許さないということでもあります。「誰か／何かを追い込んでいくこの社会」を「所与の条件」とするからこそ、苦しい状況に追い込まれた人たちの言動について、あれこれ言いたくなるのです。それによって、さらに追い込まれる人が出てくるわけですから、そうした言動にも問題はあります。だからといって、「追い込まれている人」をさらに追い込むような論理に縛られている「追い込まれている人」を批判すれば済むというわけではありません。それは、批判すべき相手を間違えています。問題とすべきは、そのような、誤った「敵」を作り上げ、その「敵」をさらに叩かせるようなこの社会のあり方それ自体ではないでしょうか。追い込まれている人の言動を取り上げて、その是非を論じることよりも、私たちを追い込んでいるこの社会を問題にすることのほうが、よほど根本的《ラディカル》なのです。

## 3　自由な主体、そして責任

### 「この私」を可能にする他者の存在

本章ではここまで、トリアージ問題、そして「追い込まれた人たち」のことを取り上げ、考察を加えてきました。個人の振る舞いと、社会が担うべき責任の問題をめぐって、これをどう考えたらいいのか、より明確になったのではないかと思います。そこで本節からは、倫理学をいかにして再構築するかについて、議論を展開していきたいと思います。

第2章第1節において私は、次のように述べました。

> 私たちは、この社会に生まれ落ち、いままで生きてきました。どんな人であれ、他の生命、他人の存在と関わらずに生きてきた人はいない――そうした経験が、経験した当人の中でどのように受け止められたかはともかく――と思います。（五四頁）

言うまでもありませんが、自由について考える前提条件として、自由を享受する〈主体〉が存在していなければなりません。当然のことながら、〈主体〉は、社会に生まれ落ち、そこで育てられていきます。何の働きかけもなく育つわけではありません。

もちろん、「社会に生まれ落ち」たからといって、この社会の文化や慣習に従うべきだと言いたいわけではありません。そうではなく、どのような人であれ、その人に先立って社会が存在しているという現実のことなのです。換言すれば、いかなる人も、社会と無関係に存在してはいません。つまり、「この私」が存在する前提として、他者や社会が存在しているのです。「この私」は、他者の存在に負っています。生まれ落ちた瞬間から、私たちは、身近な大人によって育てられ、いろんな人とのかかわりの中で、成長していきます。先人たちの、種々の営みから、有形無形の恩恵を受けてもいることでしょう。他者が先在することが、「この私」が社会に存在することを可能にしているのです。その原理的な意味をめぐって、これから考察していきたいと思います。

## 「選択と行動の自由」と「根源的な自由」

第1章で私が主張したのは、倫理とは、「ある固定された状況において、どのような行動を取るべきか」という問題に収斂するものではない、ということでした。続く第2章で私は、「私たちが共に豊かに生きていくための、侵すべからざる掟」こそが、倫理であると述べたのでした。

ここで言う「侵すべからざる掟」と自由な〈主体〉は、切り離せない関係にあります。どういうことでしょうか。

　人は生まれつき自由な〈主体〉であるわけではありませんし、自然と自由な〈主体〉になるわけでもありません。もちろん、ある人の行為が、その人の自由意志に基づいており、その意味で自由に行動していると思える場合もあるかもしれません。しかし、そうした場合においても、真の意味で自由であるとは言えないと私は考えています。もちろん、選択肢がいくつもあって、自分にとって最も望ましいものをそこから選ぶことができ、予想通りの結果が得られるとすれば、それは自由を構成する重要な条件であると言っていいでしょう。この水準での自由について、私は「選択と行動の自由」と呼びたいと思います。しかし、そうした意味での自由とは別の次元で、そもそも自由を可能にするような、「根源的な自由」というものがあるのではないか、そう私は考えているのです。

　そのような「根源的な自由」は、他者とのかかわりのなかで、はじめて立ち現れてくるのではないでしょうか。ここで言う他者とは、「この私」が自由に操作できるような存在ではありません。そのような存在と向き合い、抜き差しならない関係を取り結ぶことから、「根源的な自由」は創り出されていく。そう私は思うのです。「選択と行動の自由」は、この社会をよりよく生きる上でとても重要な権利です。そして、その基底的な概念である「根源的な自由」は、他者の存在を前提とするという意味で、「侵すべからざる掟」と不可分の関係にあるのです。

　何もかも自分の思い通りになるなら、それはそれで結構なことかもしれません。しかし、そこにおいても自由は存在し得なくなるのではないでしょうか。すべてが自分の思い通りになるなら、他者が介在する余地などありません。したがって、社会も介在し得ないことになります。そこでは完全な「選択と行動の自由」が実現されるかもしれませんが、「根源的な自由」が立ち現れる契機も完全に失われてしまうことでしょう。世界が「この私」によって完結している以上、他者との関係性において立ち現れる「根源的な自由」が生じる契機も失われてしまうのです。

## 他者への応答によって知る「自由」の生起

多くの社会運動は、「他者と共に豊かに生きられる社会」の実現を目指しています。裏を返せばそれは、この社会が、まだそうなっていないことを意味しています。もっと言えば、「他者と共に豊かに生きられる社会」を否定する勢力が現政権に居座っているとすら私は考えています。現安倍政権は、異質な人間を排除し、同質な人間をのみ成員とする社会を作ろうとしているように思えてなりません。異質な人間を異質なまま、この社会のメンバーとして受け入れようとせず、同質化を強要し、それに従わない人は構成員とみなさず、放逐しようとしているのです。それによってこの社会は、他者と出会う契機を失っていき、同質な人間だけで完結した、閉じた社会になっていくのではないでしょうか。

先述したように「根源的な自由」は、他者との関係性のなかから立ち現れてくるものです。しかし、その他者といつ、どのようにして出会えるのか、その他者とはいかなる存在であるのかは、まったく予測不可能です。したがって、そのような他者との関係が生じることで、「この私」の「選択と行動の自由」が大幅に狭められたり、奪われたりすることもあり得ます。その意味で、「根源的な自由」へと自ら乗り出すことは、「自分ではどうすることもできない、予測不可能な未来への賭け」でもあるのです。

そして、「根源的な自由」の可能性に賭けるということは、他者の存在を肯定することでもあります。換言すれば、他者と関係を取り結ぶことによって、「この私」が享受する「選択と行動の自由」を、他者の存在の肯定へと転換する可能性が生まれてくるのです。

「この私」にとって未知の存在である他者が立ち現れたとき、「この私」はその他者に対して応答することも、無視することも可能です。もし、その他者を無視するのであれば、他者がこの社会に生きてあることを根本的に否定することになります。もちろん、そのような対応もあり得ます。しかしそれは、「この私」が認めなければ、その他者は存在してはならないということです。結局のところ、そうした態度は、「この私」にとって思い通りにならない存在は、この社会の成員として認めない、ということを意味しているのです。多くの人がそうした行動を取るならば、この社会は、自分と同質な者しか許容しないような、きわめて閉じた社会になってしまいます。「根源的な自由」は、自分とは異質な他者との出会いから生じるものですが、同質な人間しか存在し得ない社会においては、そうした自由が生じる余地などありません。

先ほど私は、他者と向き合い、関係を取り結ぶことで、「根源的な自由」が立ち現れる契機が生じるということを述べました。ということは、他者の存在によって、「この私」ははじめて、「根源的な自由」とは何かを学ぶことができるということです。もちろん他者は、「この私」に何かを教えようとして、「この私」と出会うわけではありません。にもかかわらず、「この私」は、他者との結ばれによって「根源的な自由」が生起することを、他者から教わることになるのです。「この私」の眼前に他者が立ち現れ、その他者に応答するなかで、「この私」は、自由とは何かを学んでいくのです。

## 他者への責任と自由な〈主体〉

繰り返しになりますが、「他者」とは、「この私」に了解できる範囲を超え出てしまうような存在です。そして、そのような他者と向き合うことで、言い換えれば肯定することによって、「根源的な自由」がもたらされるのです。「他者の存在を肯定する」とは、「この私」が「他者」と出会ったとき、その他者がこの社会において、生きてあることを肯定するということです。それこそが、「他者」に対する応答であり、この社会に生きる「私」たちの「責任」であると私は考えます。

それはまた、「この私」が一個の〈主体〉となって、この社会をいっそう民主化しようとすることでもあります。それによって私たちは「根源的な自由」を享受し、自由な〈主体〉となることができるのです。独善的な「主人公」となるのでなく、眼前の「他者」に応答し続け、自らを

〈主体化〉させていくこと。それこそが、「民主」化にほかならないのではないでしょうか。

他者を無条件に肯定するには、次に述べる条件が満たされている必要があります。すなわち、いかなる他者であれ、尊厳をもちつつ、私たちと共に豊かに生きていけるような、社会的な基盤が整っていなければならないのです。言い換えれば、どのような人であれ、尊厳をもって豊かに生きられる社会制度を構築することが、他者の存在を無条件に肯定するための前提条件なのです(「豊かに生きられる社会」における「豊かさ」とは何かについては、第2章で論じています)。

そのような、他者と共にあろうとする営みのなかから、「根源的な自由」は立ち現れてくるのですし、「この私」にとっての他者の存在を無条件に肯定することは、この社会を構成するすべての人に課せられた責任であると私は考えています。そして、その責任を果たそうとすることによって、「この私」は〈主体化〉することができるのです。他者と向き合い、関係が結ばれるなかで、「この私」は変容していくかもしれません。しかし、「根源的な自由」は、そのような過程から立ち現れるのですし、他者に応答していくことこそが「責任」を果たすということなのです。

あらかじめ定められた規則に従って他者を遇することによっては、「根源的な自由」は生じ得ません。「この私」が〈主体的〉にその他者と関わろうとしていないからです。眼前に立ち現れた他者を、「あらかじめ定められた規則」に則って遇したときに、その他者が「尊厳をもって、私たちと共に豊かに生きていく」ことができなければ、その規則は「正しい」とは言えないのです。「尊厳をもって、私たちと共に豊かに生きて」いけるよう、修正されなければなりません。

つまり、規則が「正しい」か否かは、この社会において、他者が「尊厳をもって、私たちと共に豊かに生きていける」かどうかで測られなければならないのです。そのような意味での「正しい」規則が改悪されるのを押しとどめようとしたり、より「正しい」規則に変更させようとしたりすることは、よりいっそうの「民主」化であり、「民」が〈主体化〉する過程でもあると私は考えています。

## 〈主体化〉には終わりがない

そうであるなら、〈主体化〉という営みには終わりがない、と言うべきではないでしょうか。先述のように他者は、「この私」に了解できる範囲を超え出てしまうような存在です。そのような他者に「応答」するなかで、それまでの規則が「正しい」とは言えなくなるかもしれません。

原理的に言って、他者とは、そのような規則の「正しさ」を食い破って立ち現れるような存在ですから、それまでの規則に依拠することはできません。「この私」がその他者とどう向き合うか、〈主体的〉に決めなければならないのです。その際、その他者が、「尊厳をもって、私たちと共に豊かに生きていく」ことができるよう、この社会の規則を修正していくことが、その他者に対する応答であり、「責任」を果たすということなのです。他者がいつ、どのように立ち現れるかは予測不可能ですから、このようなプロセスには終わりがないと言うほかありません。したがって私たちは、「根源的な自由」を完全に享受することはできません。しかしながら、私たちが自由を欲するなら――どのような人間であれ、自由を渇望していると私は信じています――、「根源的な自由」へと近づいていくことは、私たちにとって、大きな歓びではないでしょうか。

先述したように、「他者がいつ、どのように立ち現れるかは予測不可能」ですから、他者に対する応答には終わりがありません。言い換えるならそれは、他者から「この私」に対して、無限の責任が負わされるということでもあります。そのような応答は、いかなる規則にも縛られることのない、「この私」による「自由」な決定です。その過程において私たちは、責任とは何であるかを、その他者から教わるのです。言い換えるなら私たちは、眼前に立ち現れた他者から、責任ある決断をするよう迫られ、その他者に対し応答をしていくなかで、〈主体化〉されていくのです。したがって〈主体化〉は、そうした他者と関係を取り結ぶことによってはじめて可能となるものなのです。

しかしながら実際には、この社会の「正しい」規則に従って、他者を遇さなければならないこともあるでしょう。他者への応答には終わりがなく、そうした他者から無限の責任を負わされるとすれば、「この私」が疲労困憊したとしてもおかしくはありません。それでもなお、他者が立ち現れる契機を封じてはなりませんし、そうした他者と出会い、応答する機会を閉ざしてはならないと私は思うのです。と同時に社会は、私たちが「他者と出会い、応答する機会」を保障する責務を負っているのであり、それがなされなければその社会は正義にかなっているとは到底、言い難いのです。

## 〈主体化〉を拒むこの社会に抗うということ

しかしながら多くの国で、とりわけ「先進」諸国において、他者の存在を認めないどころか、そもそもそうした存在が現れ出ることを封じるような制度がいくつも作られています。たとえば、第3章で取り上げた出生前診断による胎児の中絶と、それを当然視するこの社会の風潮、および胎児の中絶を不問に付すこの国の法体系が、その典型です。この社会には、それだけでなく、他者の存在を認めないような意識が蔓延してもいます。このような社会において、ほとんどの人は、その社会の規則や慣習に盲従し、それが「正しい」か否かを問おうとしていないように私には感じられます。そうした人びとの多くは、刹那的な快楽を追い求め、そのことを「自由」であると勘違いしているのではないでしょうか。

そのような人は、他者との出会いを拒んでいるわけですから、〈主体化〉する契機を得ることもできません。「他者との出会い」を拒むどころか、他者が自分の眼前に立ち現れないよう、防止しようとする人すらいます。しかし、いくら予防線を張ろうと、どこからともなく他者は現れ出てくるような存在です。それに対して、そうした人びとは見て見ぬふりをしたり、否認したり、自分の都合のよいように解釈したりします。つまりは、自分が了解できる範囲に押し込もうとするわけです。他者の存在を認めようとせず、肯定しようともしない彼ら彼女らは、他者に対する「応答」責任を果たそうとしていませんから、「根源的な自由」を享受する〈主体〉にはなり得ません。

「正しい」とされる規則や慣習に、なんの疑いも抱かずに従い続けることによって、そうした人びとは生まれてきます。そのような社会においては、〈主体化〉の契機がいくら奪われていても、そのことにすら、そう簡単には気づけません。なぜならそこには、「刹那的な快楽」が体験できるような数々の機会が用意されており、それを享受することこそ「自由」であると、多くの人が勘違いしているからです。「刹那的な快楽」を享受できるといっても、それによって深く満足することは滅多にありません。なぜなら、そこには他者が全く介在しておらず、表面的な「快楽」しか得られないからです。しかし、人びとをそのように仕向ける社会の力は強大です。その力を前にして私たちは、「いくら抵抗しても、この社会を変えることなど、できはしない」という諦念を抱かされてしまうのです。そのようにして私たちの「抵抗する力」は奪われていき、絶望の淵へと追い詰められていくのです。

「この社会を変えることなど、できはしない」という想念は非常に厄介なものです。たとえば〈主体化〉の契機は、他者との出会いがなければ生まれ得ません。それを可能にする制度整備は、一朝一夕で成し遂げられるものではありません。そうなると、すぐに結果が出せないのであれば、「そんなことをしても仕方がない」と言い出す人が必ずといっていいほど出てきます。しかし、それこそが、私たちを飼いならすこの社会の思うツボなのです。どこかおかしいと思っても、「何を言おうが変わらないのだから……」と諦めてしまい、挙句の果てに「何もおかしくはない」などとウソをつくようになることで、私たちは「根源的な自由」から、ますます遠ざけられていくのです。

そう考えると、私たちの〈主体化〉を拒むこの社会に「否」を突きつけることこそ、私たちの〈主体化〉を促す契機になると言えるのではないでしょうか。そして、それこそが「民主」ということの本来的な意味ではないかと私は思うのです。ですから、選挙という「正しい」制度にのっとって投票するだけでは民主的な政治が実現しなくても、何の不思議もありません。場合によっては選挙制度を変えたり、[1]選挙以外の言論行動をすることも視野に入れる必要があるのではないでしょうか。ときにはそれが示威行動だと揶揄されることもあるかもしれません。しかしながら、それが行われないことが、この社会で抑圧されている人びとへの「示威」行動になってしまうとすれば、どちらを優先すべきかを考えた上でどうするかを決定するほかありません。こうした決断もまた、「この私」を「根源的な自由」へと開いていく契機となるのではないでしょうか。[2]

注

1——たとえば供託金制度は、貧乏な人びとから立候補する権利を実質的に奪うものです。この制度のもとでの「平等」は、制度が前提とし再生産するところの「不平等」の上に成り立っているとしか思えません。

2——そうした決断を、すべての人びとが迫られていると私は考えます。しかし、社会変革のための行動を全ての人に要求するのは難しいし、それが容認できたとしても、参加を強制することはできないと考えています。何をすべきか、どれだけ責任を負うべきかの軽重は、一人ひとり異なるはずですし、そうした行動を起こすことで不当逮捕されるなど、この社会においては、相当リスクを冒さなくてはならなくなるからです。そのような行動を誰かに指示することなど、私にはできません。そもそも、私がそのような行動を起こすよう要求したり強制したりすることによって、私は他の人びとの〈主体化〉の契機を奪ってしまうことになりますから、とうてい容認することはできないのです。「誘う」ことはできるとしても、誘われた側がそれに乗るか否かは、その人の「自由」な判断に委ねるほかはないでしょう。

## 4　権力に対峙する倫理学

### 生命の「尊厳」と「生そのもの」

いかなる政府も、どんな人でも、「生命は尊いものであり、大切です」ということを正面から否定しはしないのではないでしょうか。実際、「他者」とはいったい誰のことか、というメンバーシップの問題は不問に付されたままではあれ、そうしたことはよく取り上げられています。

たとえば「新学習指導要領・生きる力」での道徳に関する記述において、そうした表現を見て取ることができます。小学校低学年では「生きることを喜び、生命を大切にする心をもつ／身近な自然に親しみ、動植物に優しい心で接する／美しいものに触れ、すがすがしい心をもつ」ことが、中学年では「生命の尊さを感じ取り、生命あるものを大切にする／自然のすばらしさや不思議さに感動し、自然や動植物を大切にする／美しいものや気高いものに感動する心をもつ」ことが、高学年では「生命がかけがえのないものであることを知り、自他の生命を尊重する／自然の偉大さを知り、自然環境を大切にする／美しいものに感動する心や人間の力を超えたものに対する畏敬の念をもつ」ことが、それぞれ目標として示されているのです。[1]

中学校では、「生命の尊さを理解し、かけがえのない自他の生命を尊重する／自然を愛護し、美しいものに感動する豊かな心をもち、人間の力を超えたものに対する畏敬の念を深める／人間には弱さや醜さを克服する強さや気高さがあることを信じて、人間として生きることに喜びを見いだすように努める」ことが、目標として示されています。[2]

ここからわかるのは、日本の道徳教育においては、生きることや生命を尊重することの大切さを児童・生徒に理解させることが重視されていると同時に、人知を超えたものへの畏敬の念を抱かせるような指導が期待されているということです。[3]

もちろん私も、「生命は尊い」と考えています。ほとんど全ての人が、「生命は尊い」と言われれば、真っ向からそれを否定するようなことはしないでしょう。

ではなぜ、この世界では、戦争によって同じ人間を殺戮したり、富の再分配を行わないことによって貧しい人びとを死に追いやったり、自然環境を破壊したりといったことが起きているのでしょうか。いずれも、「生命（のなかでも「ある種の生命」）は尊い」という理念に反してはいないでしょうか。小泉義之氏は、この問いに関連して、次のようなことを述べています。

生命の価値、生命の尊厳というとき、尊厳価値は生命を少し超越している。ここがキモです。信仰は、その少しの超越性に関わっているんですね。生命倫理学に合わせて言うと、尊厳そのものは、生命よりも死よりも高い価値なんです。だから、生命にも尊厳あるものと尊厳なきものがあるし、死にも尊厳あるものと尊厳なきものがあることになる。（小泉義之・安部彰・堀田義太郎「ケアと生存の哲学」、安部彰・堀田義太郎編『生存学研究センター報告11　ケアと／の倫理』立命館大学生存学研究センター、二〇一〇年、七〇頁）

ここで言う「生命」が、あくまで一般化・抽象化されたものであるということは、お分かりいただけるかと思います。それによって、生命の「価値」や「尊厳」は、「生命」そのものより「高い価値」を帯びると小泉氏は述べています。生命にせよ、死にせよ、小泉氏によれば、尊厳あるものとなきものとに区別されるわけですが、言葉を換えればそれは、同じ生命であるにもかかわらず、尊厳を軸にして比較がなされているということです。それを可能にするのが、生命の一般化・抽象化ではないかと私は考えています。

一般化・抽象化された「生命」ではなく、個別・具体的な「生命」に目を凝らしてみると、ただそこに存在しているだけで、それは絶対的なのです。個別・具体的な「生命」は、ある空間と時間において間違いなく存在し、体温も物質交代も確かめることができます。だからこそ、それは比類がないのであって、絶対的なのです。個別・具体的な「生命」は、一般化・抽象化された

「生命」と違って、実体という他ないような存在です。それを私は、「生きているということそのもの（以下、「生そのもの」）」と呼ぶことにしたいと思います。この「生そのもの」こそ、あらゆる生の原形であって、私たちはこうした「生そのもの」を無条件に肯定しなければならないのではないでしょうか。なぜなら、「生そのもの」の否定は、原理的な水準において、すべての生の否定を意味するからです。こうした理由によって、「生命の価値」「生命の尊厳」といった一般的・抽象的な次元よりもいっそう深い水準において、「生そのもの」を無条件に肯定する必要があるのではないかと私は考えているのです。

ここにおいて、第2章第4節で論じた「犠牲」の問題が浮かび上がってきます。第2章で私は、「犠牲」とは「交換や譲渡ができないもの、しないものを、その社会において、それができるようにする力のことである」と述べました。「人の生命や尊厳など交換不可能なものを、貨幣など交換可能なものに「変換」することが、「犠牲」なのです。もちろん、「交換不可能なもの」を「交換」することは原理的に不可能です。しかし私たちは、自ら進んで「犠牲」になることで、「交換不可能なもの」を手放してしまうのです。

いちばんわかりやすいのが、「犠牲の死」でしょう。私たちは「犠牲の死」に直面したとき、自分の理解の範囲を超え出ており、自分にはなしえない行為であるとして、畏敬の念を抱くことがあります。「犠牲」に対して私たちは、崇高な行為として受け止める傾向があるのです。なかでも「犠牲の死」は、一度きりの生命を自らの意志で絶ってしまうわけですから、余人にはなし得ぬ、称讃に値する行為とされることが少なくありません。こうした点に注目すると、事あるごとに「生命は尊い」と言われるのは、自己「犠牲」を価値ある行為として捉える眼差しがそこに含まれているからではないか、と思われてきます。裏を返せば、それによって、「尊ばれなくてよい生命」が析出されることにもなるのです。そのような区分は、「生そのもの」を一般化・抽象化して理解することから生じるのであり、その意味で「犠牲」は、「生そのもの」を、一般化・抽象化された「生命」として理解することから引き起こされると言うことができるのではないでしょうか。

もちろん私たちは、自分の人生に何らかの意味があることを願うものです。だからこそ、ある人の一生が、生き方が、「物語」として語られるのでしょう。それだけでなく、私たち一人ひとりには、他の人にはない、まさに個性としか言いようのない性質があります。そうした属性は、「生そのもの」とは異なる次元で、私たちの生に意味を付与することにもなるのです。私は、それらを完全に放棄すべきだと言いたいのではありません。そうではなく、こうした「物語」や属性が、「生そのもの」に「尊厳」を付与することで、「生そのもの」を肯定する回路が断たれてしまうということを指摘しておきたいのです。そのとき、「生そのもの」は「生命の尊厳」よりも価値のないものとされ、容易に棄損されていくことでしょう。

## 障害者の「生そのもの」を選別する権力

第3章で私は、障害をもつ人がこの社会に捨て置かれてしまう「犠牲の構造」について論じましたが、こうした観点に立つことで、そこで問題にしたことを、いっそうクリアに捉えることができます。

胎児に障害があるとわかったとき、その胎児の「生そのもの」が、〈望ましい生命〉であるかどうかが問われるのです。そこでは、重篤な障害があればあるほど、その子の「生そのもの」は〈望ましくない生命〉であるということにされてしまいます。学校教育においては、障害のある「生そのもの」が、「学校教育に順応できる（順応させるに値する）」かどうかが、当人および家族の意向よりも優先的に問われることになるのです。つまり、障害のある「生そのもの」は、「この社会で生きるに値する／生きさせるに値する」かどうかが問われることになるわけです。こうして、障害をもつ子どもの「生そのもの」は、一般化・抽象化された「生命」観に基づく価値序列によって選別の対象となっていくのです。

こうした動きを、根本のところで推し進めているのは、政治や法律であるというよりはむしろ、「障害者の「生そのもの」は、生きるに値する／生きさせるに値するかどうかが問われても仕方がない」という、広く私たちを覆う観念なのではないでしょうか。そして、そのような観念は、世論によって強化され押し広げられ、私たちを、障害をもつ人を、「犠牲の構造」へと巻き込んでいくのです。[4]

障害者の「生そのもの」は、畏怖の念をもって語られてもきました。[5]「ホモ・サケル」という概念について、ジョルジョ・アガンベンは、「殺害可能かつ犠牲化不可能」（『ホモ・サケル』以文社、二〇〇三年、一七頁）であると規定しています。つまり、犠牲に供するのは法の認めるところではないが、その生を奪っても殺人罪には問われないという奇妙な存在こそがホモ・サケルであり、「聖なる人間」なのです。

アガンベンの洞察を踏まえて、さらに考えていきましょう。現代社会において障害者は、清らかな存在として位置づけられることも少なくありません。ある目標のために努力する姿がテレビなどで取り上げられ、ことさら美談として語られたりもします。その一方で、「穢《けが》れている」とか「不浄である」と語られることもあります。こうした負のベクトルを帯びた言説は、健常者を〈望ましい生〉であるとする世論やマスコミによって広められていくのです。そして、そのような諸力が縒《よ》り合わさった結果として、障害者の「生そのもの」を選別するような権力が誕生するのです。

障害があったり、難病を患ったりすれば、それが理由で我慢の多い生活を強いられることが少なくありません。排尿や排便、食事ですら、自分ひとりではどうにもできないほどの障害をもち、病に伏していても、サポートしてくれる人の「ちょっと待ってね」という一言で片づけられてしまい、苦痛にみちた時間を過ごさなくてはならないのです。それは身体障害者だけでなく、知的障害者や精神障害者、発達障害者などでも、同じことが言えます。

わずか二〇年ほど前まで、日本には「優生上の見地から不良な子孫の出生を防止する」ことを一つの目的とする優生保護法という法律がありました。胎児に障害があるとわかった場合に、その胎児を中絶することを認めた法律です。そしてそれは、現在の新型出生前診断の源流の一つとなっています。出生前診断の一つである受精卵診断について、利光恵子氏は「端的に言って、遺伝学的な変化を持つものを生まれさせないという技術」であると指摘しています（小門穂・吉田一史美・松原洋子編『生存学研究センター報告22　生殖をめぐる技術と倫理――日本・ヨーロッパの視座から』立命館大学生存学研究センター、二〇一四年、六二頁）。胎児に障害があれば中絶してもよいとする優生保護法こそ撤廃されましたが、胎児の生を選別する技術の進展は、障害をもつ子は生まれる前に淘汰されてもかまわないとする観念がいまだ根強いことを証し立ててはいないでしょうか。「障害者の「生そのもの」は、生きるに値する／生きさせるに値するかどうかが問われても仕方がない」とする考えも、いまだ広い範囲で見出すことができます。

## 「どうせ」という思考

児玉真美氏は、「「どうせ障害者だから」「どうせ終末期だから」「だから丁寧なアセスメントやケアなんかしなくてもよい」という無関心の形もあると思うのですが、そういう無関心はまた、目の前の人が生きてそこにある現実の姿にも目を向けなくなる無関心」でもあると言い、「問題の本質は、この「どうせ」とその先に続く「無関心」なんじゃないか、と考えるようになりました」と述べています（児玉真美「共鳴する「どうせ」で、いのちの選別を行わないために」『SYNODOS』2013.08.30 Fri,http://synodos.jp/newbook/5404）。ここで指摘されている「どうせ」という思考こそが、私たちが抗わなくてはならないものなのです。

「どうせ」という思考によって、「現実は動かしがたく、変えられない」という諦念がもたらされ、「変えられないのなら、私の知るところではない、変えられるのなら、誰かが変えてくれるだろう」という、人任せの意識が惹起されていきます。その結果として、児玉氏も指摘するように、人びとは「無関心」になっていくのです。本来なら社会の問題であるにもかかわらず、それを個人の問題へと矮小化することによって、社会の問題を不問に付し、自分とは関係のない他人の問題として、あるいは自分だけの問題として理解するよう、私たちは促されていくのです。ということは、誰か他の人を「犠牲」にして問題解決を図ろうとする態度と、自己「犠牲」によって問題解決を図ろうとする態度は、同じ「犠牲の構造」に対する二つの異なる態度であると言えるのではないでしょうか。

「どうせ」という思考が引き起こす無関心にしろ、「どうせ」という思考に抗う思想や運動に対する批判にしろ、いずれも、「どうせ」という思考を生み出すこの社会の不正義を放置し、その再生産に加担しています。この社会では、いま、このときも、この社会によって「明日、殺されてしまうかもしれない人」が、ギリギリの状況に追い込まれながらも、何とか生き延びようとしています。野宿するほかないような人びとは、一日一日をなんとか食いつなごうとしていますし、生活保護費が引き下げられるなかで、受給者の人たちは、いっそう苦しい生活を強いられています。この社会は、そうした人びとを排除しようとしているわけですから、排除の対象となっている人びとを支援する行為は、この社会にとって反社会的な行為にほかなりません。

　他方で、そうした状況があることを知らされず、あるいは、知ってはいても見て見ぬふりをしている多くの人たちは、この社会から、「明日も生きていられることが保障された存在」なのです。[6]これらの人びとは、「明日も生きていられることが保障された」日々が、死ぬまで続いてほしいと願っていることでしょう。それは当然の願いです。しかし、そうした願いは、「この社会が、いつまでもこの状態であればよい」とする倒錯を引き起こしがちなのです。それによって、「私（と親しい人たち）の生活さえ守られればよい」といった、この社会や他者に対する無関心な態度が醸成されていくことになります。ここには、「どうせこの社会は、すぐには変わらない」という諦念を伴いながらも、既得権益を必死になって守り、そのことによって他者を排除するような力が働いているのです。「明日、殺されてしまうかもしれない人」がどうなろうと、自分には関係がないという態度こそが、「明日、人が殺されてしまうかもしれない」ような状況を、ますます強固なものにしていくのです。

## 本当に「私には関係がない」問題なのか

第4章第3節において私は、「他者」が眼前に立ち現れることそれ自体が、「この私」が倫理と向き合う契機になると述べました。第2章第1節において私は、倫理学について、それは「他者と共に、豊かに生きていくためには、どうすればよいのか」を考える学問であると述べています（五四頁）。これらのことから、いかなる社会であれ、それが社会であるかぎり、それは「他者と共に豊かに生きられる、犠牲なき社会」でなければならないと言えるのではないでしょうか。換言すると、正義にかなう社会であるかぎり、そこでは、「他者と共に生きる」ことが実現されていなければならない、ということなのです。「正義というものが存在するのであれば、それはどのような生が生きることをも無条件に肯定しなければならない」と私は考えていますが（『生を肯定する倫理へ――障害学の視点から』一九三頁）、倫理的な社会とは、まさしく正義にかなった社会であるのです。

ここで言う「倫理的な社会」、あるいは「正義にかなう社会」は、いかなる地域であれ、どのような人びとによって構成された社会であれ、そうした属性とは関係なく、目指されるべき普遍的な倫理です。もちろん実際には、国によって、地域によって、環境要因も文化も異なっていますし、一人ひとりの個性も違うわけですから、それぞれが担うべき責任のあり方にせよ、倫理のあり方にせよ、多少の幅が生じたとしても、おかしくはありません。だからと言って、倫理など意味がないという理屈は成り立たないのです。私たちは誰ひとりとして、倫理的な応答をすることから逃れられません。社会に生きている以上、「明日、殺されてしまうかもしれない人のことなど、私には関係ない」と切り捨ててしまうことは、実際にはともかく、原理的な水準においては不可能なのです。

ここまで来てようやく、「権力に抗う倫理の姿」をよりクリアに示すことができるようになりました。

先ほど述べたように、権力は「生そのもの」を、一般化・抽象化された「生命」に基づく価値序列に当てはめ、「生きるに値する生／生きさせるに値する生」であるかどうか選別していきます。その過程で権力は、「生そのもの」に「尊厳」を付与することで、「生そのもの」を肯定する回路を断ってしまいます。だからこそ私たちは、そうした力に抵抗しなければならないのです。「生そのもの」を、それ自体として受け取ること、したがって、一般化・抽象化された「生命」として受け取ってはならないということ、「生そのもの」を無条件に肯定すること。それこそが、「生の無条件の肯定」が指し示す倫理の地平なのです。

注

1——小学校学習指導要領　第3章　道徳
http://www.mext.go.jp/a_menu/shotou/new-cs/youryou/syo/dou.htm

2——中学校学習指導要領　第3章　道徳
http://www.mext.go.jp/a_menu/shotou/new-cs/youryou/chu/dou.htm

3——第二次安倍政権は、東日本大震災で被災した人たち、とくに福島第一原発事故によって種々の被害を被った人たちへの十全たる救済策を講じなかったほか、集団的自衛権の行使を可能にする法整備を推し進め、特定秘密保護法を制定し、「積極的平和主義」という名のもとに戦争への道を開き、労働者を切り捨て、社会保障関係費を削減するなど、およそ「生命の尊重」とは程遠い政策ばかりを打ち出しています。小中学生に対する道徳教育では「生命の尊さ」が強調されていることを思うと、尋常ならざる矛盾を感じざるを得ません。

4——アガンベンは、次のように述べています。「主権者とは、例外状態に関して決定するかぎりにおいて、どのような生が殺人罪となることなく殺害されうるかを決定する権力をもつ者であるが、生政治の時代にはこの権力は例外状態から解き放たれ、生が政治的な意味をもたなくなる点に関して決定する権力へと変容しようとする」(『ホモ・サケル』以文社、二〇〇三年、一九五頁)のであり、「近代の生政治においては、主権者とはありのままの生の価値や無価値に関して決定する者である。人権宣言によって、主権原則からそのまま備給された生は、いまやそれ自体が主権的決定の場となる。総統はまさしく、生の生政治的な内実に関して決定するものとしての生自体を表象する」(前掲書、一九六頁)と。つまりアガンベンは、「近代の生政治」において、「ありのままの生」を価値づけるのは政府などではなく、「生が政治的な意味をもたなくなる点に関して決定する権力をもつ」主権者であると言うのです。

5——生瀬克己氏は、「もっとも、障害者が生まれることにたいする畏怖は、近世にはじまったわけではない。すくなくとも、13世紀には、障害児が生まれることは恐れられていた」と述べています(生瀬克己「近世の障害者観について」『同和問題研究』第11号、大阪市立大学同和問題研究会、一九八八年三月、五一-五二頁。または、http://dlisv03.media.osaka-cu.ac.jp/infolib/user_contents/kiyo/DB00000438.pdf)。

6——「明日、殺されてしまうかもしれない人」同士が互いに無関心であったり、「さらなる「弱者」叩き」に走ったりすることもあり得ます。それどころか、そうしたことが、実際にこの社会で起きていると私は感じています。このことに関する私の基本的な考えは、本章第2節で述べました。

## 5 「どうせ」を押しつけてくる現実にいかに抗するか

### 異論を封殺する「総無責任社会」

本章第3節と第4節の議論から、本書において私が社会に対して何を問いたいのか、おおよそのところはわかってもらえたのではないかと思います。

この社会において私たちは、「生そのもの」を一般化・抽象化していく圧倒的な権力に巻き込まれています。しかも、その状況は、「どうせこの社会は、すぐには変わらない」「そんなことをしても仕方がない」と口にしてしまいたくなるほど、深刻なところまできています。福島第一原発事故が起きても原発がなくならないのは「仕方がない」、ヘイトスピーチがあるのは「仕方がない」、この社会の役に立たない人間に社会保障なんて必要ないし、死んでいったとしても「仕方がない」……。

こうした風潮が、「生そのもの」を一般化・抽象化し、私たちに「犠牲」を強いたり、自ら率先して「犠牲」を受け入れるよう仕向けたりするのです。しかし、原発推進によって真の「豊かさ」を得ることができるのでしょうか。ヘイトスピーチは「他者」を圧殺し、この社会の一員として受け入れることを拒む行為です。社会保障という「公助」が切り捨てられるなかで「自助」や「共助」が奨励されていますが、その行き着く先は「共倒れ」でしょう。こうした流れは、「他者と共に豊かに生きられる、犠牲なき社会を目指すあり方」とは真っ向から対立するものです。

こうしたなかで、私たちが〈主体性〉を獲得する契機は奪われ、「総無責任社会」とでも呼ぶべき状況が生まれてきます。そこでは誰もが本心を口にせず、「刹那的快楽」を享受し、社会のあり方に疑問があっても何も言わないのが美徳とされるのです。こうした社会にあっては、異論が出ても黙殺されてしまい、社会の「同質性」はそのようにして保たれます。他者が存在する余地は、そこにはありません。したがって、他者への応答もなく、負うべき責任も生じません。それこそが、本章第3節で論じた〈主体化〉を拒む社会なのです。

こうした社会においては、多少生きづらくても我慢ができるのであれば何も主張せずにいたほうが楽に生きられるのかもしれません。もし異を唱えたりして、生きづらくなったりすれば、元も子もないからです。しかし、「何を言っても、この社会は変わらない」と人びとが思い込むことによって、当人にはその気がなくても、「何を言っても、この社会は変わらない」と思わせるような社会が実際に出来上がってしまうのです。

じつは、こうした動きそのものが権力の作用なのではないでしょうか。そこにおいて「根源的な自由」への契機を奪われた人びとは、そのように仕向けた社会に抗ったりせず、その社会に適応するようになり、「刹那的な快楽」を享受する暮らしに埋没していく、という仕組みになっているのです。しかし、何らかの「同質性」が保たれた社会のほうが生きやすいと感じる人にとって、そうした環境が変調を来すのは望ましくないどころか、恐ろしい事態ですらあるため、必死になって今の環境を守ろうとするわけです。つまり、「この社会はどうあるべきかを問うこと」よりも、「自分(とその身内)の暮らしを守ること」のほうが大切だという感覚こそが、自分とは異質な存在(他者)の排除を引き起こしているのです。

ここで私は、「自分(とその身内)の暮らしを守ること」が大切ではない、と主張しているのではありません。むしろ、きわめて重要なことだと私は考えています。私が問題だと言っているのは、あるべき社会とは何かを問うことと、私たちの暮らしを天秤にかけてしまうことであり、そのような行為を助長することなのです。それによって、私たちが他者と出会う契機が奪われてしまうのです。「自分(とその身内)」のみならず、「すべての生を無条件に肯定すること」こそ、「来るべき社会における正義」に他ならないわけですから、「あるべき社会とは何かを問うこと」と「自分(とその身内)の暮らしを守ること」を天秤にかけること自体が正義の原理にかなっていないのです。

## 権力への抗い方——自らの経験から

それでは、このような現実に対して、どのように抵抗すればいいのでしょうか。障害者運動をはじめとする社会運動での私自身の経験をもとにして、これについて考えてみたいと思います。ですから、以下に述べることについて、「これが絶対である」とか「こうしたやり方以外で権力に抗することはできない」と言うつもりは全くありません。他のやり方もあり得るはずです。しかしその一方で、自分自身の経験から言えることも少なくありません。ですからここでは、そのエッセンスを伝えていきたいと思うのです。

最初に取り上げるのは、運動の成果をどう考えるかという問題です。社会運動ですから、ある目標を実現すべく戦略を練り、ときには妥協しながらも、ものごとを建設的に進めていくことになります。そこで重要になってくるのが、運動の外部にいる人たちに、どのようにして関わってもらうかということです。それには、自分たちの主張を理解してもらい、多数の人びとから支持を得なければなりません。それがどれほど正しい主張であっても、多くの同意が得られなければ、政治的には無視されて終わりです。社会運動にとって、これは看過できない問題です。だからといって、いかなる手法を用いてでも、多数の合意が得られればよいとする考えは間違っていると私は思います。それは方法の問題ではなく、突き詰めれば、思想の問題です。

この社会に生きる人びとは、「あるべき社会とは何かを問うこと」と「自分（とその身内）の暮らしを守ること」を天秤にかけることを是とし、後者のことしか考えないように仕向けられていると私は考えています。その根拠は、第1章に記したような差別を、毎日のように私が受けていることにあります。私はそうした日々の経験から、「この社会が障害者に対し差別的であっても、自分には障害がないし、今の暮らしにそこそこ満足しているので、この生活を守ることが何より大事。障害者を差別するこの社会に異議申し立てをするなど、とんでもない」という考えが、この社会に蔓延しているのではないかと思うようになったのです。私にとって正しいと思える主張――反原発――を行っている人たちですら、障害者を差別するこの社会のあり方については不問のまま、そのような主張を展開しがちです。[1]

こうした社会において、「何を言っても、この社会は変わらない」という「どうせ」の思考に抗いながら合意を形成し、運動を大きくしていくことは、とてつもなく難しく、至難の業であると言うほかありません。障害者差別を不問に付したまま展開される反原発運動のように、あることに関しては正しい主張をしていても、別の面で問題があるというのは、よくあることです。こうしたことに敏感でありつつ、問題を指摘されれば自らを省みて徹底した議論をする態度が、最低限必要でしょう。「何かが犠牲になっても、運動に成果が出るならそれでよい」とする運動があったとすれば、それは「犠牲の構造」に加担する行為に他なりませんから、その運動の理念が問われるべきだと私は考えます。

こうしたなかで、多数の合意を得るには、外部の人たちに対して、あくまで論理的に説明をしていくこと、誰に対しても真摯に向き合い、意見交換をしていくこと。それしかありません。地道な取り組みですが、これがもっとも近道であると私は考えます。しかも、倫理にかなってもいます。そうした「面倒」を引き受けようとせず、「反原発一点でつながろう」とか「ヘイトスピーチを許さないという一点でつながろう」といった標語で動員を図る運動には、根本的な問題があるのです。[2] 社会運動においても、意見交換による合意形成という、民主的なアプローチをないがしろにすることはできません。「この結論に賛成の人は、私たちの運動に参加してください」と呼びかけるタイプの運動もありますが、あらかじめ結論が用意されており、意見交換をしながら合意形成を図るプロセスが省かれているという点で、やはり問題があります。そうしたトップダウン方式のやり方で、果たして社会運動として成り立つのか、私には疑問です。

## それは「大衆蔑視」ではない

以上のように、社会運動においては、意見交換によって合意形成を図ることが、きわめて重要だと私は考えています。そして、こうした民主的なアプローチを実践することによって、「どうせ」という思考も解体していくはずです。

私のこうした主張に対して、次のような反論があるかもしれません。言っていることは分かるが、そのようなやり方では社会変革は遅々として進まず、今まさにサポートが必要な人は救われないだろう、そもそも民主的なアプローチが重要だと言うが、「大衆の力」を全く信じておらず、大衆は啓蒙される対象でしかないと考えているのではないか、言い換えれば、そのような考え方はエリート主義に陥っており、大衆を蔑視しているのではないか、と。しかし私は、「大衆」であるというだけで「大衆」を信じてはいません。なぜなら「大衆」こそが、「どうせ」という思考を広く深く浸透させる上で大きな力となっているからです。
次の新聞記事をもとに、この問題について、もう少し考えてみたいと思います。

生後2カ月の次女を殺害したとして、警視庁は19日、東京都葛飾区青戸6丁目、主婦山岸恵容疑者（36）を殺人の疑いで逮捕し、発表した。「次女に障害があると考え、将来を悲観した。自分も死のうと思った」と話し、容疑を認めているという。[3]

この事件が起きたのは二〇一四年のことです。けっして昔のことではありません。現代においてもまだ、障害をもつ子は殺されても仕方がないと思われているのです。この母親にそう思わせてしまう背景には、障害者福祉が立ち遅れているということがあります。私が思うにこの母親は「ごく普通の人」で、障害者に対する差別意識を格別強くもっていたとは思われませんが、そういう人ですら、障害をもつわが子を殺してしまうのです。

この母親は「大衆」の一人でもあるわけですが、そのような「大衆」によって、「障害があるのなら、見捨てられても仕方がない」という観念が強められ、大きな力となっていくのです。この記事で報じられたような悲しい事件がいつまでたってもなくならないのは、大衆的な基盤をもつ「どうせ」という思考が、私たちを覆い尽くしているからではないでしょうか。そして、それこそが、障害者福祉を充実させる上で、大きな阻害要因となっているのです。それゆえ私は、

「大衆の力」を無前提に信じるわけにはいかないのです。

このような私の態度を「大衆蔑視」と言い得るでしょうか。私はなにも、「ごく普通の人」たちが、たとえば福祉制度の問題点を知らずにいることを蔑んでいるわけではありません。そうではなく、「どうせ」という思考が、社会問題から人びとの目を逸らさせ、思考停止へと追いやっていることを問題視しているのです。「どうせ」という思考が蔓延することで、障害者差別が生み出され、助長されていきます。問題はそこにあるのです。ですから私は、大衆を批判しているのではなく、大衆を思考停止へと追いやるこの社会をこそ批判しているのです。他者を差別し排除するような人たちを生み出すこの社会を批判しているのです。ですから、「大衆を蔑視しているのではないか」とか「エリート主義ではないか」といった批判は、当たっていないのではないでしょうか。

## 障害者による交通アクセス権獲得運動

ここでは障害者運動にとって重要なテーマとなっている公共交通機関の交通バリアフリーについて、とりわけバリアフリーバス（ノンステップバス、ワンステップバス）の導入について論じていきたいと思います。

身体障害者にとって、なかでも車イスを利用する人にとって、公共交通機関はけっして使い勝手のよいものではありません。しかし、「公共」交通機関である以上、車イスを利用する人も含め、どんな人であれ、スムーズに利用できるようになっているべきです。車イスを使う人が利用できないような「公共」交通機関は、ひどく「公共」性に欠けるといっても過言ではありません。

ここで、神戸市の事例を取り上げてみましょう。神戸市では、阪神・淡路大震災から三年後の一九九八年にノンステップバスが試験的に導入され、二〇一三年には全車両がバリアフリーバスとなっています。[4] しかしそれは、「交通弱者」の交通権を確保するために神戸市が率先して導入したものではありません。神戸市における障害者運動が、神戸市交通局と何度も粘り強く交渉した成果なのです。[5] 二〇〇〇年に国会で可決され成立した「交通バリアフリー法」にしても、交通アクセス権の保障を求める障害者による運動がなければ成立しませんでした。[6] 裏を返して言えば、「公共」交通機関には、障害者の利用を拒み続けてきたこうした歴史があるのです。

私が神戸大学に通っていた九〇年代前半から中頃にかけても、神戸市バスは、車イス利用者の乗車を拒み続けたという歴史的事実があります。当時、障害者たちは、介護者募集のためのビラを学生に配ったり、障害者の窮状を学内で訴えたりするために、定期的に大学に来ていました。

神戸市バスのうち、神戸大学へ行くための市バスは、車イス障害者に対して、特にひどい対応をしていました。一九七八年に出された運輸省（当時）の通達[7]を盾に取り、車イスを固定ベルトでバス座席のひじ掛けに巻きつけるのです。車イスを固定しないと危険だというのが市バス側の言い分でした。しかし、車イスを固定した場合、急ブレーキの際に身体が前に飛び出してしまうので、より危険なのです。いくらそう説明しても、「運輸省通達があるから」の一点張りで、しかもその際、多くの運転手が、障害者の人権を無視するような態度で、乗車を拒んでいたようです。こうしたなかで、神戸市交通局が自ら進んでバリアフリーバスを導入したとは、にわかには信じられません。

神戸市バスにおけるバリアフリー化にしろ、国会で可決された「交通バリアフリー法」にしろ、障害者運動があってはじめて、なんとか実現したのです。

言うまでもなく、神戸市バスの全車両がバリアフリーバスになったのは大きな前進ですし、障害者運動の誇るべき成果でもあります。しかし、なかには、「そこまでする必要はなかったはず。バスの乗客と運転手が協力して車イス利用者をかついで乗車させればいい話ではないか」と言う人もいるかもしれません。しかし、乗客が協力的でなかったり、体力的に難しかったりする場合もあるはずです。そうなると、車イスでの乗車は困難をきわめます。当然のことながら、障害をもつ人も、他の人びとと同様に、十全に生きる権利を有しているはずです。この点から言っても、全車両をバリアフリー化するのは当然のことなのです。この社会において、誰かの善意に頼らなくても、十全に生きてよいと保障されるということ。それは障害者にとっても、当然の権利であるはずです。社会運動において「成果を上げる」ことは、そのためにも、けっして軽視されてはならないのです。

## 「好きで社会運動にかかわる」の意味

障害者をめぐる問題を切り口にして、倫理とは何か、あるべき社会とはいかなるものかを論じてきた本書も、いよいよ終わりが近づいてきました。本書を閉じる前に、二〇一三年一〇月二七日に六七歳で亡くなった澤田隆司さんのエピソードを紹介したいと思います。

澤田さんは七歳のときに日本脳炎に罹患し、その後遺症のため、以後、障害者としての人生を歩むようになります。一九七四年一〇月に、兵庫青い芝の会の会長に就任します。そのとき澤田さんは二八歳でした。その後、重度の障害者として自立生活を送りながらも、障害者のいのちを守ると同時に、障害者の権利を保障させるための運動に生涯取り組むことになるのです[8]。

はじめて澤田さんと出会ったのは、私が大学に入学した年の、「総合科目・人権」という後期の授業を受けたときでした。澤田さんはその授業に、介助者募集のビラを学生に配り、青い芝の会のことを説明するために、数人の仲間と一緒に来ていたのです。そのとき澤田さんの障害はすでに進行しており、ひらがなが書かれた文字盤を介助者に支えてもらい、指で盤上の文字を示すという仕方でコミュニケーションをしていました。発語ができなかった澤田さんは、ゆっくりとしか会話することができず、澤田さん自身がしんどいだろうなと思っていました。

阪神・淡路大震災後に創刊された雑誌において、私は澤田さんにインタビューをする機会を得ました。先述のように澤田さんは、ひらがなが書かれた文字盤を、介助者の助けを得ながら指で差し示し、文章を作っていきます。並大抵のことではなかったはずです。その日私は、さまざまなことを聞きました。以下は記事からの抜粋です。「澤田さんと障害者運動」について尋ねています。Nはインタビュアーである私、Sは澤田さんです。

（前略）

N：最初に「青い芝」と出会ったのはどういったきっかけですか？

S：（在宅訪問に）こうはいがきた。

N：どうして（青い芝で）活動しようと思ったのですか？

S：しゃかいひっくりかえす、これしかない。

N：社会ひっくり返せましたか。

S：むつかしいな。

N：活動の中で、一番強く訴えたいことは何ですか？

S：「ふこうじうまないうんどう」にたいしてはんたいうんどう。[9]

（澤田さんの活動の原点）

N：どうして反対運動したのですか。

S：われわれしょうがいしゃ、せいぞんけんないのか（という怒り）。

（中略）

N：最初は姫路で自立生活したのですか？
S：ろっこう。
N：どうして六甲にしたのですか。
S：（姫路には）がくせいいない。こうべだいがく（が近いから）。
N：学生運動にはあまり乗り気じゃなかったのですか？
S：（いや、）おもろいことやっとるわ（と思った）。

（後略）（「澤田隆司の「ぶ・ら・ぶ・ら・い・こ・か！」——障害者と健常者がともに暮らせる街を求めて　連載第5回」『神戸から——1・17市民通信』12号、一九九七年一月十五日発行、株式会社1．17市民通信、八〇－八五頁）

このように澤田さんは、まさに自らのいのちを賭けて、障害者運動にかかわっていくわけです。心身ともに疲弊しきっていたことは想像に難くありません。あるとき澤田さんに、「どうして活動しているのですか？」と聞いてみたことがあります。返ってきた答えは、「楽しいから。好きで障害者運動している」というものでした。いまとなっては尋ねる術もありませんが、想像をめぐらせながら、澤田さんのこの言葉を読み解いてみたいと思います。

「運動が楽しい、好きだ」というのは、よく誤解される言葉です。言うまでもありませんが、差別や抑圧がなければ、社会運動をする必要などありませんし、そうした状態が一番望ましいと私は思うのです。ですから社会運動は、社会運動をする必要のない社会を目指すべきだと私は考えています。裏を返せば、社会運動に生き甲斐を見出し、運動に依存してしまうのは望ましくないということです。少なくとも私はそう考えています。というのも、そうした態度は、突き詰めれば、差別や抑圧の存在を前提にし、ひいては是認することになってしまうからです。これでは〈主体的〉な運動とは言えません。そのような人は、「社会運動」をしている自分が好きなだけなのではないでしょうか。

澤田さんは、障害があることを自ら超えて、差別と本気で向き合い、それをなくしていこうとする人でした。いま私は、「障害があることを自ら超えて」と書きましたが、澤田さんが本気で差別と向き合うことと、自身に重度の障害があるということは関係があったかもしれません。しかしそれは、澤田さんにしか分からないことです。重要なのは、自身が被差別の当事者であることと、差別と向き合うことが内的必然性で結びついていなければ、障害者運動にかかわることはできない、ということでは全くないということです。

差別を受けている当事者であるからといって、差別反対運動にかかわらなくてはならないわけではありません。被差別の当事者であるからといって、同じように差別を受けている人の気持ちが理解できるわけでもありません。社会運動にかかわる上で肝要なのは、ある属性をもつ人びとを差別し、見殺しにするこの社会を、「犠牲の構造」の上に成り立つこの社会を絶対に許さないという思いと、いつの日か、そうした社会を変革することができるという信念ではないかと私は思うのです。差別に加担する人が、差別をせずとも済むような社会にならない限り、差別がなくなることはないと私は考えます。差別をする側にそうした自覚が生まれるよう、対話を重ねながら、差別を生むこの社会を変革していかなければならない、そう思うのです。

「楽しいから。好きで障害者運動している」という澤田さんの言葉には、たしかに危ういところがあります。社会運動を楽しいと感じる人だけがすればよい、と言っているようにも聞こえるからです。しかしながら、澤田さんの言葉を、そのように解釈してはならないと思うのです。もし、自分のかかわる社会運動が、「楽しくもなければ好きでもない」ものであるなら、すでに「どうせ」という思考に敗北しているのではないでしょうか。なぜなら、社会運動は、強いられてするものではないからです。

何より必要なのは、この社会に対する絶望だと思うのです。この社会は不条理であり不正義である、そう感じる人たちのあいだで、ゆるやかな結びつきが生まれたとき、たとえそれが一筋のか細い糸でしかなくても、そこには希望が胚胎しているはずです。そうした希望を、次へとつなげていくこともまた大切でしょう。それを「連帯」と言い得るのか分かりませんし、そんなことはどうでもよいことのように私には思えます。けれども澤田さんは、人びとが、そのように緩やかにつながり合い、「どうせ」という思考と対峙することのなかに、私たちの〈主体性〉を見出し、あるいはそれを信じていたのではないか、そう思わざるを得ないのです。澤田さんはそれを「楽しい」という言葉で表現したのではなかったか、私にはそう思われてならないのです。

注

1――拙論「「障害者が生まれるから」原発はいけないのか」『部落解放』二〇一二年一月号（655号）、解放出版社、一二一－一二三頁を参照。

2――もちろん、社会運動のひとつの戦略として、このような方法はあり得ると思います。その意味において、こうした手法を私は全否定はしません。ただし、こうした運動が暴走しやすい点や、このような運動以外は認めないとする態度、さらには運動内部における差別抑圧構造の温存が起こりやすい点については、指摘しておかねばならないと思います。

3――「朝日新聞デジタル」二〇一四年五月二〇日五時「乳児殺害容疑、母親逮捕「障害疑い悲観」東京・葛飾」http://www.asahi.com/articles/ASG5M5SMWG5MUTIL03Q.html

続きは以下。「亀有署によると、山岸容疑者は19日午前0～1時、自宅1階の居間で、次女の愛茉（えま）ちゃんの首をタオルで絞めたうえ、腹を包丁で刺すなどして殺害した疑いがある。親族らの署への説明では、山岸容疑者は次女のしぐさから脳などに障害があると思い込み、インターネットで調べるなど、悩んでいたという。／山岸容疑者はトラック運転手の夫（36）と子ども3人の5人暮らし。／山岸容疑者から「子どもを殺した」と連絡を受けた母親が同日午前3時すぎに110番通報。捜査員が神奈川県内で山岸容疑者の身柄を確保した」。

4――神戸市交通局のホームページより。二〇一四年五月二一日取得。

http://www.city.kobe.lg.jp/life/access/transport/bus/syaryou/

5――兵庫県の障害者運動を取りまとめる団体の一つに「障害者問題を考える兵庫県連絡会議（障問連）」があります。障問連は兵庫県、神戸市それぞれとの大がかりな交渉を年に一度開いて、各部局と折衝をしていますが、ノンステップバスの導入が開始された二〇〇〇年度の「障害者問題に関する要望書」には、次のような記述があります。「車イス障害者の市営バス利用について、職員研修や乗客への理解と協力の呼びかけ、ターミナルや車両の改善など、積極的な対応を示してください。ノンステップバスの導入が大幅に伸びていることを評価しますが、今後の計画と運行路線の予定を示してください」

6――交通アクセス権を求めての障害者による約四〇年の闘いの歴史として、「社会へ出て行くために（196

0年代から交通バリアフリー法)」の記述があります。二〇一四年五月二一日取得。
http://www.dpi-japan.org/problem/traffic.html

7——運輸省自動車局の局長通達「車いす利用者の乗合バス乗車について」のこと。この通達は、車イスには固定ベルトを使用し、介護者が同伴することを求めています。二〇一四年五月二一日取得。
http://wwwhourei.mhlw.go.jp/cgi-bin/t_document.cgi?MODE=tsuchi&DMODE=CONTENTS&SMODE=NORMAL&KEYWORD=&EFSNO=13167&PAGE=1&FILE=&POS=0

8——「澤田さんの足跡」『澤田隆司さんを偲ぶ会』澤田隆司さんを偲ぶ会準備会、二〇一四年三月一日、四〇-四一頁。「青い芝の会」や「自立生活」については、野崎泰伸『生を肯定する倫理へ——障害学の視点から』でも説明をしています。

9——正式名称は「不幸な子どもの生まれない運動」。一九六六年、兵庫県衛生部(当時)が、「不幸な子を産まない対策室」を開設し、県みずからが始めた運動です。妊婦への出生前診断を勧め、胎児の障害を見つける運動を行いました。

# 終わりに　障害者を犠牲にするこの社会に抗する倫理学

長かった道のりも、ようやくここまで来ました。

本書で私は、障害者の生を肯定することが、いかにして普遍的な問題へと開かれていくかを示したつもりです。ここで、その理路を簡単に振り返っておきたいと思います。

まず第1章において私は、功利主義を批判的に検討しながら、「生の無条件の肯定」とはいかなる思想であるのか論じました。そこで明らかになったのは、「生の無条件の肯定」の思想とは「来るべき社会における正義の構想」のことであり、「犠牲」を強いる思想とは根本から異なっているということ、目指すべきは「他者と共に豊かに生きられる、犠牲なき社会」であるということでした。

第2章では、「他者と共に豊かに生きられる、犠牲なき社会」という倫理における「他者」とはいかなる存在か、「他者と共に生きる」とはどういうことか、「豊かさ」とは何かをめぐって議論しました。

第3章においては、障害者を「犠牲の構造」に捨て置くこの社会の構造について探究を深めるべく、「障害児の出生」、「安楽死と尊厳死」、そして「障害児教育」という三つの問題領域に照準し、議論を展開しました。そこで示されたのは、私たちの生が、この社会に適合し得るかどうかで選別されていること、障害者に「犠牲」を押しつけておきながら、この社会はそれを見えにくくさせていることでした。

第4章において私は、災害時におけるトリアージの問題と、私たちが極限状態にまで追い込まれた場合のその行為を、どう考えたらいいのか議論しました。その上で私が指摘したのは、自分とは異質な他者と向き合い、関係を取り結ぶことで、「根源的な自由」が立ち現れるということ、そのような他者への応答によって自己の〈主体化〉が促されるのであり、それこそが「民主」化にほかならないということでした。と同時に、「生そのもの」を一般化・抽象化し、私たちに「犠牲」を強いたり、率先して「犠牲」を受け入れるように促してくるこの社会に抗するには何が必要かを、社会運動という観点から論じたのでした。

私は、障害者をめぐる問題が、他の社会問題以上に重要であるとは思っていません。たまたま私が、障害をもってこの世に生まれ、障害をもつ人たちとかかわっていくなかで、障害者にとってのあるべき社会と現実の社会とが大きく乖離していることに気づいただけでした。障害ゆえに抱えざるを得ない〈生きづらさ〉の多くが、この社会のあり方に起因していることがわかったとき、障害者をめぐる問題を、この社会の写し鏡にしてみようと考えたのです。その作業を進めるなかで、この社会が「犠牲の構造」を内包していることが、少しずつ浮かび上がってきました。

ですから、障害という個別・具体的な地点から、「犠牲の構造」という、この社会が抱える普遍的な問題を考えていくという方法論は、私にとって、きわめて自然なものでした。

障害者のことを、この社会が排除したり犠牲にしたりし、しかもそれが隠蔽され、そうした構造が再生産されてきたということは、私からすれば非常に「わかりやすい」構造です。おそらくそれは、「犠牲の構造」を相対化する視座を、私が得ることができたからだと思います。裏を返せば、現在の社会のありように何の疑問も抱かずにいるかぎり、この問題が明確なかたちを取ることはないということです。ここにも、「どうせ」という思考が深く影を落としていると私は思いますが、「犠牲の構造」を他人事だと思っている限り、そのことには気づけないのではないでしょうか。言い換えれば、そのような人は、「犠牲の構造」を「自分の問題」として引き受けようとしていないのです。しかし、私たちがもし、他者の存在に応答しなければならないとすれば――私はそう考えます――、「犠牲の構造」のもと、障害者を排除し、捨て置いてしまうこの社会の現実を、すべての人が受け止めなくてはならないはずです。そうであるとしても、何をすべきか、どれだけの責任を負うべきかは、それぞれ違っていて当然です。しかし、この社会が正義にもとる状況にある以上、この社会を構成する私たちすべてが、この社会の不正義と向き合い、是正する責任を負っているのです。

私はこの本を、私が正しいと信ずるところにしたがって書き上げました。私が考える「正しさ」については、さまざまな意見があることでしょう。異論もあるかと思います。本書の内容をめぐって、多種多様な議論がなされるとすれば、著者として、こんな嬉しいことはありません。ただ、次のような異論があるとすれば、それは違うと、あらかじめ言っておきたいと思います。すなわち、「どれほど「正しい」主張でも、それだけで現実が変わることはない。政治的な力による調整が欠かせないのであって、「正しい」主張を「戦闘的」に展開しても意味はない。むしろ反感を買うだけで、得策ではないのではないか」、と。

確かに、そうした現実はあります。運動をする側が、それに対応して、なるべく反感を買わないような方法を選んだとしても、一概にそれを否定することはできません。しかし、考えてみれば、いくら「正しい」ことを主張しても、社会が何も変わらなければ、そうした現実それ自体に問題があるのではないでしょうか。「正しさ」だけでは何も変わらないとすれば、一体どのようにすれば人びとの連帯は可能になるのでしょうか？　いくら「来るべき社会」について議論をしても、その基底に「正しさ」がなければ、何の意味もありません。人びとがもし、「政治的な力による調整」によって多数派を形成することこそ民主主義の実践だと考えているとすれば、端的に言ってそれは誤りです。結局のところそれは、政治的に力の強いものこそが「正しい」と言っているのと同じです。複数あるプランのうち、もっとも論拠が確かで妥当性が高いのは何かをめぐって、意見交換をしながら合意を形成し、それに基づいて社会を運営していくというのが、あるべき民主主義の姿ではないでしょうか。その意味でも、「正しさ」をめぐる議論は、いくらでもすればいいと思うのです。政策をめぐる「調整」も、そのような場で行うべきではないでしょうか。

日本国憲法第二五条には、「すべて国民は、健康で文化的な最低限度の生活を営む権利を有する」と明記されています。この条文に示された「生存権の保障」は、憲法に書かれていようといまいと、無条件に正しいと私は考えます。「すべて国民は」と書かれていますが、日本国民に限定する必要はありません。この観点からすれば、二四時間の介護が必要な人に対して、この社会は、「いついかなる場合においても」、「二四時間の介護」を提供しなければならないはずです。つまり、どれほど財政赤字が大変であっても、それを理由に介護保障をおろそかにしてはならないし、介護の現場がいくら深刻な人手不足に見舞われていたとしても――もちろん、人手不足は改善されるべき重要な課題です――、それを理由に介護保障が損なわれてはならない、ということなのです。そしてもし、社会保障を切り捨てるのであれば、自らの生存権と刺し違えるぐらいの覚悟をもって行うべきなのです。自らの行為が、いかなる帰結を招くのかの想像力の欠如が、いまのような社会を作り上げていくのです。

私たちはいま、ひどく息苦しい時代を生きています。小さな不正を糾すことも大切ですが、それによって、より大きな不正が見過ごされているのです。「どうせ」という思考が蔓延するなかで、私たちは「何を言おうが変わらない……」という諦念を抱かされ、「犠牲の構造」へと追い込まれているのではないでしょうか。ここ二〇年ほどで日本は、以前にもまして、他者を排除し、ある特定の人びとに犠牲を強いるようになったと感じています。その変化は急激で、いまなおその動きは止みそうにありません。いかなる問題領域があるのか、その一つ一つを検証することは喫緊の課題ですが、残念ながらそれは本書の範囲を超えています。しかし本書は、この社会がいかにして「犠牲」を強いるのか、いかにして私たちを自己「犠牲」へと促すのか、その「仕掛け」についても探究を深められたのではないかと考えています。本書における種々の議論が、さまざまな領域で、さらに深められていくことを願ってやみません。

# あとがき

第4章第5節で触れた澤田隆司さんの霊前に本書を捧げたいと思います。

私は大学時代に障害者運動と出会い、澤田さんには文字通り物心ともにお世話になりました。いつも澤田さんは障害者の仲間に対して暖かく接してくださり、面倒見のとてもよい方でした。澤田さんはまた、自分が決めたことは簡単にはあきらめず、自らの信念を行動で示した方でした。

ある日、澤田さんの仲間の両親が、障害をもつわが子の面倒は見きれないという理由で、山奥の施設に入れようとしたことがあります。施設に入ってしまえば、何年、何十年と会えなくなってしまうかもしれません。そのとき、澤田さんはこう言い放ったのです。

「俺と一緒に住まんかと思う」

何とも澤田さんらしい発言でしたが、それでもやはり、一同、驚きました。澤田さんは当時、二次障害のただなかにあり、ひとつの文章を話すのにも、文字盤を使って三〇分以上かかっていたのです。自分を介助する人すら、なかなか見つからず、まさに綱渡りの自立生活だったのです。そんな大変な状況だったのに、仲間を大切にし、絶対に見捨てることなどありませんでした。澤田さんとその周りの障害者たちは、困難な状況にある人がいれば、どのような理由であってもその人を救おうとし、実際に多くの人たちを救い、共に生きてきました。私が障害者運動から学んだのは、こうしたことなのです。だからこそ、功利主義のような思想には、絶対に乗ることができないのです。一人の犠牲者も出さないし、出させないというのは、障害者運動が訴えてきた核心部分であると私は信じています。

だからこそ、障害者運動が訴えてきたこと、とりわけ当事者を中心とする解放運動が訴えてきたことは、障害者が生きる上での権利回復には回収できないと思うのです。昨今では、障害の有無にかかわらず、私たちが生きていく上で当然の権利すら侵害され、奪われるようになってきたと私は感じています。その意味でも、奪われた権利を奪還するための運動は重要であり、必要です。しかしながら、障害者運動が訴えようとしてきたのは、単なる権利回復ではなく、他者との出会いが封じられ、「根源的な自由」を得る契機が奪われた状態からの回復だったのではないでしょうか。

澤田さんが築いてきた、そうしたものを尊重しながらも、それを乗り越えていく必要があると私は感じています。

澤田さんは障害のために発語ができず、人とコミュニケーションをする際には文字盤の文字を指し示すことで「話して」いました。そのような澤田さんが眼前にいることで、障害によって自分の意見や主張を述べるのが難しい人たちのことを考えざるを得なくなりました。澤田さんが若かった頃には、文字盤を用いる当人よりも先に、周りの人間が本人の言いたいことを先読みして口にすることは禁じられていたと言います。障害者運動が、とりわけ澤田さんがかかわっていた兵庫県の障害者運動が、「語れない」障害者のことをどれだけ大切にしてきたかがよくわかるエピソードです。

澤田さんは、小難しい理屈が嫌いな人でもありました。理屈を言う健常者に対しては、「なんぼ」（「お前は健常者であり、障害者を差別してきた。小難しい理屈をこねて「共に生きる」ことを説くことに、どれほど（なんぼ）の意味があるのか」ということ）と突きつけました。「語れない」障害者である澤田さんからすれば、論理や言論といったものも抑圧になっている、そう感じられたのではないでしょうか。だからこそ澤田さんは、言論ではなく、「自分をさらけ出す」ことによって健常者と向き合い、少しでも状況を変えようとしたのではないかと思うのです。

そんな澤田さんと学生時代に出会った私は、非常に悩んだことをよく覚えています。当時の私は介助が不要でしたが、健常者に対して障害者の問題をどう訴えかけていけばいいのか、とか、それほど人づきあいが好きでなく、また、そこそこ弁の立つ私から「語ること」を奪ってしまったら、いったい何が残るのだろうとか、そんなことを考えていました。いまだに、同じようなことを考えています。

たしかに、整然と論理的に語ることは、健常者の専売特許だと思われてきました。論理的な「語り」が、障害者を往々にして抑圧してきたというのも事実です。しかし、障害者運動において、「語ることは抑圧を招く」からといって、語ることのできる障害者ですら「語る」ことをやめてしまったら、いったい何が残るのでしょうか。たしかに「語る」という行為は、わけても論理的な言葉を用いることは、障害者にとって抑圧になることがあるでしょう。だからと言って、「語る」ことをやめるわけにはいかないと思うのです。論理的な言葉を用いることが、抑圧や差別の温床になり得るという自覚のもとで言葉を紡ぎ、論理を作り上げていくしかないのではないでしょうか。それが、言葉を操り、理論を構築することのできる者の責務なのです。

澤田さんの霊前に本書を供えたとしても、当の澤田さんはきっと苦虫をかみつぶしたような顔で、「また理屈か」と思われるに違いありません。

しかし、澤田さんの魂は、それ自体としてあるのではなく、澤田さんをよく知る人、そこそこ知っている人、あまり知らない人、ほとんど知らない人が行きかう場でもあるような気がするのです。澤田さんという存在を媒介にして、澤田さんと接点がありながらも、生前には直接顔を合わせることのなかった人同士が知り合う場でもあると私は思うのです。私のことは知らなくても澤田さんのことは知っている誰かに、澤田さんたちの運動から私が得たものを論理的に説明するということは、悪いこととは思われません。むしろ、見知らぬ人も含め、多くの人たちに向けて、論理的な言葉でもって表現していくことは、澤田さんを知る者の責務ではないかと、いまでは考えています。そうしたことも含めて、障害者運動から学んだことを、言葉でもって表現したいと思って出来上がったのが、この本なのです。著者として、多くの方に読んでいただけることを願ってやみません。

本書は、恩師である森岡正博先生が、筑摩書房の編集者、石島裕之さんに私を紹介して下さったのが一つの契機となり、完成したものです。森岡先生に深く感謝いたします。この四月から関東の大学に赴任されますが、変わらぬご指導をお願いいたします。また、石島さんには私の読みにくい文章を読みやすく変えていただき、まるで魔法のような編集の手腕であると感じました。深く感謝の意を表したいと思います。ここには書ききれないほどの方々が、私に対して支援してくださいました。その方々に、感謝申し上げます。ありがとうございました。

二〇一五年二月　神戸にて

野崎 泰伸

**野崎泰伸**（のざき・やすのぶ）

一九七三年兵庫県生まれ。大阪府立大学大学院人間文化学研究科博士後期課程修了・学術博士号取得。哲学・倫理学を専攻。二〇〇八年四月より立命館大学にて非常勤講師を務める。社会学者の立岩真也氏をして「これが本道」と言わしめた『生を肯定する倫理へ――障害学の視点から』（白澤社）のほか、『はじめて出会う生命倫理』（共著、有斐閣）などの著作がある。

筑摩選書 0110

「共倒《ともだお》れ」社会《しゃかい》を超《こ》えて　生《せい》の無条件《むじょうけん》の肯定《こうてい》へ！

二〇一五年三月一五日　初版第一刷発行

著者　野《の》崎泰伸《ざきやすのぶ》

発行者　熊沢敏之

発行所　株式会社筑摩書房
東京都台東区蔵前二-五-三　郵便番号　一一一-八七五五
振替　〇〇一六〇-八-四一二三

装幀者　神田昇和

印刷製本　中央精版印刷株式会社



乱丁・落丁本の場合は左記宛にご送付ください。送料小社負担でお取り替えいたします。
ご注文、お問い合わせも左記へお願いいたします。
筑摩書房サービスセンター
さいたま市北区櫛引町二-六〇四　〒三三一-八五〇七　電話　〇四八-六五一-〇〇五三

 ISBN978-4-480-01618-8 C0336

筑摩選書 0001

武道的思考

内田 樹

武道は学ぶ人を深い困惑のうちに叩きこむ。あらゆる術は「謎」をはらむがゆえに生産的なのである。今こそわれわれが武道に参照すべき「よく生きる」ためのヒント。

筑摩選書 0002

江戸絵画の不都合な真実

狩野博幸

近世絵画にはまだまだ謎が潜んでいる。若冲、芦雪、写楽など、作品を虚心に見つめ、文献資料を丹念に読み解くことで、これまで見逃されてきた〝真実〟を掘り起こす。

筑摩選書 0005

不均衡進化論

古澤 滿

DNAが自己複製する際に見せる奇妙な不均衡。そこから生物進化の驚くべきしくみが見えてきた！ カンブリア爆発の謎から進化加速の可能性にまで迫る新理論。

筑摩選書 0006

我的日本語 The World in Japanese

リービ英雄

日本語を一行でも書けば、誰もがその歴史を体現する。異言語との往還からみえる日本語の本質とは。日本語を母語とせずに日本語で創作を続ける著者の自伝的日本語論。

筑摩選書 0007

日本人の信仰心

前田英樹

日本人は無宗教だと言われる。だが、列島の文化・民俗には古来、純粋で普遍的な信仰の命が見てとれる。大和心の古層を掘りおこし、「日本」を根底からとらえなおす。

筑摩選書 0008

視覚はよみがえる 三次元のクオリア

S・バリー
宇丹貴代実 訳

回復しないとされた立体視力が四八歳で奇跡的に戻った時、風景も音楽も思考も三次元で現れた——。神経生物学者が自身の体験をもとに、脳の神秘と視覚の真実に迫る。

筑摩選書 0010

## 経済学的思考のすすめ

岩田規久男

世の中には、「将来日本は破産する」といったインチキ経済論がまかり通っている。ホンモノの経済学の思考法を用いてさまざまな実例をあげ、トンデモ本を駆逐する！

筑摩選書 0011

## 現代思想のコミュニケーション的転回

高田明典

現代思想は「四つの転回」でわかる！「モノ」から「コミュニケーション」へ、「わたし」から「みんな」へと至った現代思想の達成と使い方を提示する。

筑摩選書 0012

## フルトヴェングラー

奥波一秀

二十世紀を代表する巨匠、フルトヴェングラー。変動してゆく政治の相や同時代の人物たちとの関係を通し、音楽家の再定位と思想の再解釈に挑んだ著者渾身の作品。

筑摩選書 0014

## 瞬間を生きる哲学

〈今ここ〉に佇む技法

古東哲明

私たちは、いつも先のことばかり考えて生きている。だが、本当に大切なのは、今この瞬間の充溢なのではないだろうか。刹那に存在のかがやきを見出す哲学。

筑摩選書 0015

## 宇宙誕生

原初の光を探して

M・チャウン
水谷淳 訳

二〇世紀末、人類はついに宇宙誕生の証、ビッグバンの残光を発見した。劇的な発見からもたらされた驚くべき宇宙の真実とは――。宇宙のしくみと存在の謎に迫る。

筑摩選書 0017

## 思想は裁けるか

弁護士・海野《うんの》普吉《しんきち》伝

入江曜子

治安維持法下、河合栄治郎、尾崎行雄、津田左右吉など思想弾圧が学者やリベラリストにまで及んだ時代、その弁護に孤軍奮闘した海野普吉。冤罪を憎んだその生涯とは？

筑摩選書
0020

# 利他的な遺伝子
ヒトにモラルはあるか

柳澤嘉一郎

遺伝子は本当に「利己的」なのか。他人のために生命さえ投げ出すような利他的な行動や感情は、なぜ生まれるのか。ヒトという生きものの本質に迫る進化エッセイ。

筑摩選書
0021

# 贈答の日本文化

伊藤幹治

モース『贈与論』などの民族誌的研究の成果を踏まえ、贈与・交換・互酬性のキーワードと概念を手がかりに、日本文化における贈答の世界のメカニズムを読み解く。

筑摩選書
0023

# 天皇陵古墳への招待

森浩一

いまだ発掘が許されない天皇陵古墳。本書では、天皇陵古墳をめぐる考古学の歩みを振り返りつつ、古墳の地理的位置・形状、文献資料を駆使し総合的に考察する。

筑摩選書
0027

# 「窓」の思想史
日本とヨーロッパの建築表象論

浜本隆志

建築物に欠かせない「窓」。それはまた、歴史・文化的にきわめて興味深い表象でもある。そこに込められた意味を日本とヨーロッパの比較から探るひとつの思想史。

筑摩選書
0028

# 日米「核密約」の全貌

太田昌克

日米核密約……。長らくその真相は闇に包まれてきた。それはなぜ、いかにして取り結ばれたのか。日米双方の関係者百人以上に取材し、その全貌を明らかにする。

筑摩選書
0029

# 農村青年社事件
昭和アナキストの見た幻

保阪正康

不況にあえぐ昭和12年、突如全国で撒かれた号外新聞。そこには暴動・テロなどの見出しがあった。昭和最大規模のアナキスト弾圧事件の真相と人々の素顔に迫る。

筑摩選書
0030

公共哲学からの応答
3・11の衝撃の後で

山脇直司

3・11の出来事は、善き公正な社会を追求する公共哲学という学問にも様々な問いを突きつけることとなった。その問題群に応えながら、今後の議論への途を開く。

筑摩選書
0033

グローバル化と中小企業

中沢孝夫

企業の海外進出は本当に国内産業を空洞化させるのか。圧倒的な開発力と技術力を携え東アジア諸国へ進出した中小企業から、グローバル化の実態と要件を検証する。

筑摩選書
0034

反原発の思想史
冷戦からフクシマへ

絓 秀実

中ソ論争から「68年」やエコロジー、サブカルチャーを経てフクシマへ。複雑に交差する反核運動や「原子力の平和利用」などの論点から、3・11が顕在化させた現代史を描く。

筑摩選書
0038

救いとは何か

森岡正博
山折哲雄

この時代の生と死について、救いについて、人間の幸福について、信仰をもつ宗教学者と、宗教をもたない哲学者が鋭く言葉を交わした、比類なき思考の記録。

筑摩選書
0040

100のモノが語る世界の歴史1
文明の誕生

N・マクレガー
東郷えりか 訳

大英博物館が所蔵する古今東西の名品を精選。遺されたモノに刻まれた人類の記憶を読み解き、今日までの文明の歩みを辿る。新たな世界史へ挑む壮大なプロジェクト。

筑摩選書
0041

100のモノが語る世界の歴史2
帝国の興亡

N・マクレガー
東郷えりか 訳

紀元前後、人類は帝国の時代を迎える。多くの文明が姿を消し、遺された物だけが声なき者らの声を伝える——。大英博物館とBBCによる世界史プロジェクト第2巻。

筑摩選書 0042

100のモノが語る世界の歴史3 近代への道

N・マクレガー 東郷えりか 訳

すべての大陸が出会い、発展と数々の悲劇の末にわれわれ人類がたどりついた「近代」とは何だったのか――。大英博物館とBBCによる世界史プロジェクト完結篇。

筑摩選書 0043

悪の哲学 中国哲学の想像力

中島隆博

孔子や孟子、荘子など中国の思想家たちは「悪」について、どのように考えてきたのか。現代にも通じるこの問題と格闘した先人の思考を、斬新な視座から読み解く。

筑摩選書 0044

さまよえる自己 ポストモダンの精神病理

内海 健

「自己」が最も輝いていた近代が終焉した今、時代を映す精神の病態とはなにか。臨床を起点に心や意識の起源に遡り、主体を喪失した現代の病理性を解明する。

筑摩選書 0045

北朝鮮建国神話の崩壊 金日成と「特別狙撃旅団」

金 賛汀

捏造され続けてきた北朝鮮建国者・金日成の抗日時代。関係者の証言から明るみに出た歴史の姿とは。北朝鮮現代史の虚構を突き崩す著者畢生のノンフィクション。

筑摩選書 0048

宮沢賢治の世界

吉本隆明

著者が青年期から強い影響を受けてきた宮沢賢治について、機会あるごとに生の声で語り続けてきた三十数年に及ぶ講演のすべてを収録した貴重な一冊。全十一章。

筑摩選書 0050

敗戦と戦後のあいだで 遅れて帰りし者たち

五十嵐惠邦

戦争体験をかかえて戦後を生きるとはどういうことか。五味川純平、石原吉郎、横井庄一、小野田寛郎、中村輝夫……。彼らの足跡から戦後日本社会の条件を考察する。

筑摩選書 0052

## ノーベル経済学賞の40年（上）

20世紀経済思想史入門

T・カリアー

小坂恵理 訳

ミクロにマクロ、ゲーム理論に行動経済学。多彩な受賞者の業績と人柄から、今日のわれわれが直面している問題が見えてくる。経済思想を一望できる格好の入門書。

筑摩選書 0053

## ノーベル経済学賞の40年（下）

20世紀経済思想史入門

T・カリアー

小坂恵理 訳

経済学は科学か。彼らは何を発見し、社会にどんな功績を果たしたのか。経済学賞の歴史をたどり、経済学と人類の未来を考える。経済の本質をつかむための必読書。

筑摩選書 0054

## 世界正義論

井上達夫

超大国による「正義」の濫用、世界的な規模で広がりゆく貧富の格差……。こうした中にあって「グローバルな正義」の可能性を原理的に追究する政治哲学の書。

筑摩選書 0056

## 哲学で何をするのか

文化と私の「現実」から

貫 成人

哲学は、現実をとらえるための最高の道具である。私たちが一見自明に思っている「文化」のあり方、「私」の存在を徹底して問い直す。新しいタイプの哲学入門。

筑摩選書 0059

## 放射能問題に立ち向かう哲学

一ノ瀬正樹

放射能問題は人間本性を照らし出す。本書では、理性を脅かし信念対立に陥りがちな問題を哲学的思考法で問い詰め、混沌とした事態を収拾するための糸口を模索する。

筑摩選書 0060

## 近代という教養

文学が背負った課題

石原千秋

日本の文学にとって近代とは何だったのか？　文学が背負わされた重い課題を捉えなおし、現在にも生きる「教養」の源泉を、時代との格闘の跡にたどる。

筑摩選書 0062

# 中国の強国構想
日清戦争後から現代まで

劉傑

日清戦争の敗北とともに湧き起こった中国の強国化への意志。鍵となる考え方を読み解きながら、その国家構想の変遷を追い、中国問題の根底にある論理をあぶり出す。

筑摩選書 0065

# プライドの社会学
自己をデザインする夢

奥井智之

我々が抱く「プライド」とは、すぐれて社会的な事象なのではないか。「理想の自己」をデザインするとは何を意味するのか。10の主題を通して迫る。

筑摩選書 0068

# 「魂」の思想史
近代の異端者とともに

酒井健

合理主義や功利主義に彩られた近代。時代の趨勢に反し、魂の声に魅き込まれた人々がいる。彼らの思索の跡は我々に何を語るのか。生の息吹に溢れる異色の思想史。

筑摩選書 0069

# 数学の想像力
正しさの深層に何があるのか

加藤文元

緻密で美しい論理を求めた哲学者、数学者たちは、真理の深淵を覗き見てしまった。彼らを戦慄させた正しさのパラドクスとは。数学の人間らしさとその可能性に迫る。

筑摩選書 0070

# 社会心理学講義
〈閉ざされた社会〉と〈開かれた社会〉

小坂井敏晶

社会心理学とはどのような学問なのか。本書では、社会を支える「同一性と変化」の原理を軸にこの学の発想と意義を伝える。人間理解への示唆に満ちた渾身の講義。

筑摩選書 0071

# 一神教の起源
旧約聖書の「神」はどこから来たのか

山我哲雄

ヤハウェのみを神とし、他の神を否定する唯一神観。この観念が、古代イスラエルにおいていかにして生じたのかを、信仰上の「革命」として鮮やかに描き出す。